DOROTHEA BAUMJOHANN

365 TAGE HOCHBEET

365 TAGE HOCHBEET

Dorothea Baumjohann

INHALT

KAPITEL 4

KAPITEL 5

KAPITEL 6

EIN HOCH AUF DAS HOCHBEET!

Steht schon ein Hochbeet in Ihrem Garten? Und haben Sie schon Blut geleckt? Oder denken Sie gerade erst darüber nach, sich eines anzuschaffen?
Im ersten Fall können wir sicherlich gemeinsam ins Schwärmen geraten. Für mich war das Hochbeet, nach der ersten Saison aus unserem Garten nicht mehr wegzudenken. Im Vergleich zu den großen Gemüsebeeten, die wir vorher bewirtschaftet haben, ist die Fläche überschaubar. Hier läuft nichts aus dem Ruder, weder das Unkraut noch eine plötzlich auftretende riesige Erntemenge oder die Anzahl der mit Wasser gefüllten Gießkannen, die im Sommer geschleppt werden müssen. Wir pflanzen und ernten in bequemer Haltung und müssen uns deutlich weniger über Schnecken ärgern, die in Beeten auf dem Boden gern mal über Nacht die liebevoll herangezogenen Jungpflanzen vernichten.
Wenn Sie noch überlegen, ob ein Hochbeet sinnvoll ist, kann ich nur dazu raten, es auszuprobieren. Steht ein Platz in der Sonne dafür zur Verfügung, lohnt sich ein Versuch auf alle Fälle.

DAS ERWARTET SIE IN DIESEM BUCH

In diesem Buch finden Anfänger genügend Hilfestellung, um erfolgreich Gemüse, Kräuter oder klein bleibendes Obst anzubauen. Experten bekommen Anregungen, ihr Wissen und ihre Erfahrungen zu vertiefen und zu erweitern. Sie finden Interessantes zur »Hardware«, z. B. zur Materialauswahl eines Hochbeets, zu sinnvollem Zubehör und zu verschiedenen Möglichkeiten, ein Hochbeet zu füllen.
Schritt für Schritt ist das Selberbauen zweier Hochbeet-Typen und zweier verschiedener Frühbeetaufsätze beschrieben.
Das »Software«-Kapitel informiert über Arbeiten, die im Hochbeet zu erledigen sind, und erklärt ganz genau das Anziehen eigener Jungpflanzen. Selbstverständlich werden im Kapitel »Pflanzen für das Hochbeet« eine große Anzahl von Gemüse-, Kräuter- und Obstarten vorgestellt, die im Hochbeet problemlos angebaut werden können.

DAS BESONDERE AN DIESEM BUCH

Das Herzstück dieses Buches aber sind die Anbaupläne, die Sie ab Seite 98 finden. Sie beschreiben sechs verschiedene Möglichkeiten, ein Hochbeet komplett zu bepflanzen, und das an 365 Tagen im Jahr! Denn das Besondere an diesen Bepflanzungsplänen ist, dass sie in diesem Buch nicht mit der Sommerbepflanzung enden, sondern sich auch im Herbst und Winter fortsetzen. Gemüse kann nämlich auch in der kalten, dunklen Jahreszeit noch geerntet werden und ist gerade dann besonders heiß begehrt und von großer Bedeutung für eine gesunde Ernährung. Der Anbau von Wintergemüse ist nicht schwieriger, als das Beet im Frühjahr und im Sommer zu bestellen. Er muss nur gut geplant sein, denn wer im Winter ernten will, muss im Spätsommer und Frühherbst pflanzen. Die genauen Pflanz- und Sätermine sind Beet für Beet genau beschrieben und orientieren sich am phänologischen Kalender, der sich nicht auf ein bestimmtes Datum, sondern auf Naturerscheinungen bezieht und somit für warme und kalte Regionen gleichermaßen gültig ist.
Ich wünsche Ihnen viel Spaß mit Ihrem Hochbeet und den Plänen aus diesem Buch. Lassen Sie sich von der Freude am Hochbeet-Gärtnern anstecken. Wenn Sie erst mal Feuer gefangen haben, werden Sie sich – je nach Platz – sicher noch weitere Hochbeete zulegen.

Dorothea Baumjohann

HOCHBEET-BASICS

Hochbeete sind normalen Gemüsebeeten in vielen Punkten überlegen. Sind sie erst einmal gebaut, lassen sie sich in bequemer Höhe bepflanzen und bearbeiten. Sie bieten Gemüse und Kräutern beste Bedingungen und den Gärtnerinnen und Gärtnern Genuss auf Augenhöhe.

VIELE GUTE GRÜNDE FÜR EIN HOCHBEET

Hochbeete sind eine vielfältige Bereicherung für den Garten. Sie ermöglichen entspanntes Arbeiten in aufrechter Haltung, sind förderlich für das Pflanzenwachstum und dank der vielfältigen Materialien ein Hingucker.

Wenn Sie sich für Selbstversorgung aus dem eigenen Garten interessieren, dauert es nicht lange, bis Sie über das Thema Hochbeete stolpern. Die Idee, den Anbau von Gemüse, Obst und Kräutern in eine bequeme Arbeitshöhe zu verlagern, liegt voll im Trend. Während Hochbeete früher als ein Hilfsmittel für Menschen mit Rücken- oder Knieproblemen gesehen wurden, werden sie inzwischen von jungen und alten Gärtnern und Gärtnerinnen, von gesunden und solchen mit Handicaps gleichermaßen genutzt und geliebt. Sie sind heutzutage aus modernen Nutzgärten nicht mehr wegzudenken, und das hat viele gute Gründe.

ERGONOMISCH SINNVOLL

Als Erstes werden Sie die angenehme Arbeitshöhe an einem Hochbeet schätzen lernen. Ermüdendes Bücken auf dem Boden gibt es beim Arbeiten an einem Hochbeet praktisch nicht mehr. Beim Bau können Sie die Höhe des Beets genau auf Ihre Körper-

Hohe Aufsatzrahmen für Europaletten mit praktischen Grifflöchern lassen sich im Handumdrehen zu Gemüse- oder Kräuterbeeten umfunktionieren. Für eine ergonomische Arbeitshöhe setzt man zwei Rahmen übereinander – fertig ist das Hochbeet.

größe abstimmen, sodass Sie die Pflanz- und Pflegearbeiten in lockerer und bequemer Haltung ausführen können. Interessant ist auch der geänderte Blickwinkel auf Ihre Pflanzen im Hochbeet. Sie werden bemerken, dass Ihnen die Gemüse und Kräuter viel näherkommen. Sie entdecken Kleinigkeiten, die Ihnen bislang nie aufgefallen sind, und nehmen Veränderungen an den Pflanzen viel früher wahr. Das hat auch den Vorteil, dass Sie Krankheiten und Schädlinge schneller sehen und ihnen rechtzeitig entgegenwirken können.

ÖKONOMISCH SINNVOLL

Von einem Hochbeet können Sie deutlich mehr ernten als von einer vergleichbaren Fläche eines Grundbeets. Das liegt an den optimalen Wachstumsbedingungen im Hochbeet. Sie können es dichter bepflanzen und während einer Vegetationsperiode mehr Kulturen nacheinander anbauen als in einem normalen Gartenbeet. Die höhere Bodentemperatur im Hochbeet, die durch die Verrottung der organischen Füllung und durch die Erwärmung der Beetwände entsteht, sorgt dafür,

- dass Sie im Frühjahr eher mit den ersten Aussaaten beginnen können,
- dass die Pflanzen schneller wachsen und
- dass die Pflanzen sich im Herbst auch dann noch weiterentwickeln, wenn in einem üblichen Gartenbeet die Wachstumssaison schon vorbei ist.

ÖKOLOGISCH SINNVOLL

Im Hochbeet haben Sie die Möglichkeit, viele verschiedene Gemüse- und Kräuterarten anzubauen. Ein Hochbeet ist also ideal, wenn Sie an einer gesunden, abwechslungsreichen Ernährung interessiert sind und sich mit unterschiedlichen Arten möglichst das ganze Jahr über selbst versorgen möchten. Ohne viel Zutun entsteht daher im Hochbeet eine gesunde Mischkultur. Mit ein wenig Fachwissen setzen Sie Pflanzen, die sich gegenseitig positiv beeinflussen, nebeneinander. In einem solchen förderlichen Miteinander werden die Nährstoffvorräte aus dem Boden von den Pflanzen optimal ausgenutzt. Außerdem bleiben Obst, Kräuter und Gemüse ohne den Einsatz chemischer Pflanzenschutzmittel gesund.

In diesem dicht bepflanzten Hochbeet aus Flechtwerk ist Platz für eine Vielfalt an Salaten.

Das Hochbeet aus Ziegel- und Feldsteinen passt perfekt zum restaurierten Fachwerkhaus.

SELBSTVERSORGUNG AUCH OHNE GARTEN

Mit einem Hochbeet können Sie auch dann gärtnern, wenn Sie keinen Garten haben. Eine Terrasse, ein Hinterhof oder ein Stück Rasen reichen völlig aus, denn Sie bauen Ihre Pflanzen nicht auf einem Stück Land an, sondern füllen den Boden, in den das Gemüse gepflanzt wird, in das Hochbeet. Holz, Kompost, oder andere organische Materialien wie Laub oder Rasensoden und eine Lage Pflanzerde werden in das Hochbeet geschichtet und bilden zusammen ein fruchtbares Substrat, das ideal für den Anbau von Obst, Gemüse und Kräutern ist.

HOCHBEET-FAKTEN: STANDORT, BAUWEISE UND GRÖSSE

Wie groß ein Hochbeet ist und wie es gebaut wird, hängt von verschiedenen Faktoren ab. Sowohl das Licht als auch der vorhandene Untergrund und Ihre Körpergröße spielen bei der Entscheidung eine wichtige Rolle.

Der wichtigste Standortfaktor für einen erfolgreichen Anbau von Gemüsen, Kräutern und Obst ist die Lichtmenge, die an dem ausgewählten Platz zur Verfügung steht. Sie muss von vorneherein stimmen, denn Lichtverhältnisse lassen sich schlecht ändern. Andere Gegebenheiten, z. B. die Beschaffenheit des Bodens oder die Möglichkeiten der Wasserversorgung betreffend, können so umgestaltet und angepasst werden, dass das Arbeiten am Hochbeet angenehm und einfach ist.

DIE BEDEUTUNG DES LICHTS

Nur grüne Pflanzen sind in der Lage, mithilfe des Sonnenlichts Stärke und Zucker zu bilden. Dieser Prozess wird Fotosynthese genannt und findet in den grünen, chlorophyllhaltigen Pflanzenteilen statt. Die Pflanzen selber brauchen diese Produkte für ihr Wachstum und für die Ausbildung von Knospen, Früchten und Samen, mit denen sie sich fortpflanzen. Weiterhin liefern Pflanzen Nahrung für Men-

Ein Hochbeet hat an einem luftigen Platz in voller Sonne ideale Bedingungen. Im Sommer muss es zwar viel gegossen werden, aber der Geschmack von Obst, Gemüse und Kräutern profitiert deutlich vom Sonnenlicht.

Mit einem Unterbau, z.B. einer Europalette, kann ein Hochbeet auch auf befestigtem Grund stehen.

Kurze Wege vom Wasseranschluss bis zum Hochbeet erleichtern das Gießen.

schen und Tiere, die selber nicht in der Lage sind, Fotosynthese zu betreiben, sondern auf den Zucker und die Stärke der Pflanzen angewiesen sind.
Pro Tag 4–5 Stunden Sonne sind das Minimum, damit Kräuter, Gemüse und Obst schmackhafte Früchte, Blätter oder Wurzeln bilden können. Beete auf der Ost- oder der Westseite eines Gebäudes erreichen diese Zeiten, sofern sie nicht von anderen Häusern oder Bäumen beschattet werden. Mehr Licht bekommt ein Platz an der Südseite, was vielen Pflanzen zugutekommt. Sie liefern höhere Erträge und bilden intensivere Aromen aus. Das gilt z. B. für Tomaten und Paprika, aber auch für alle mediterranen Kräuter wie Rosmarin, Lavendel und Thymian. Standorte mit weniger Licht sind für den Anbau der meisten Gemüse-, Kräuter- und Obstarten ungeeignet. Solche Plätze kann man nur mit schattenverträglichen Arten bepflanzen, die eher zu den Zierpflanzen gehören.

WASSERANSCHLUSS

Ein Hochbeet benötigt deutlich mehr Wasser als ein gleich großes Beet auf dem Boden. Wie bei einem großen Pflanzkasten sind die Seitenwände des Hochbeets den Sonnenstrahlen ausgesetzt. Das Beet wird nicht nur von oben, sondern auch von den Seiten erwärmt. Zusätzliche Wärme entsteht durch die Umsetzungsprozesse im Inneren des Beets. Mehr Wärme führt zu mehr Wasserverdunstung. Die Zeit, die für das Gießen eines Hochbeets investiert werden muss, ist nicht zu unterschätzen. Daher ist es wichtig, dass Sie bei der Wahl eines geeigneten Standorts die Möglichkeiten der Wasserversorgung mit bedenken. Praktisch ist es, wenn sich ein Wasseranschluss in der Nähe befindet. Das ermöglicht das Gießen mit einem Schlauch, was vor allem in den Sommermonaten, in denen manchmal morgens und abends gegossen werden muss, eine enorme Arbeitserleichterung darstellt. Kleinere Hochbeete können natürlich auch mit einer Gießkanne versorgt werden. Aber auch diese muss täglich ein- bis zweimal gefüllt und zum Beet getragen werden, sodass Sie froh sein werden, wenn der Weg kurz ist.

DIE BODENBESCHAFFENHEIT

Idealerweise wird ein Hochbeet so gebaut, dass die Füllung direkt mit dem Untergrund in Verbindung steht. Es gibt aber auch gute Gründe dafür, die Hochbeetfüllung vom Untergrund zu trennen.

Erdverbundene Hochbeete

Im Garten oder auf dem Rasen können Hochbeete direkt auf den Boden gestellt werden. Für Beete aus Holz bereiten Sie den Standort mit einem Streifenfundament aus Pflastersteinen vor, damit das Holz vor Nässe aus dem Boden geschützt ist (→ Seite 27).

An Hochbeeten mit einer Breite von höchstens 120 cm erreicht man bequem die Beetmitte.

DIE OPTIMALE HOCHBEETGRÖSSE

Unter der Größe eines Hochbeets versteht man einerseits die Fläche, die das Beet einnehmen wird, und andererseits die Höhe, die das Beet haben sollte, um dort in einer angenehmen und bequemen Körperhaltung arbeiten zu können.

Die Hochbeetfläche

Wird ein Hochbeet frei stehend gebaut, sodass es von allen Seiten erreichbar ist, sollte das Beet höchstens doppelt so breit sein, wie Ihre Arme lang sind. So gelangen Sie beim Pflanzen und Ernten mit den Händen von jeder langen Beetseite bequem bis zur Beetmitte. Für durchschnittlich große Menschen hat sich eine Beetbreite von 120 cm als gutes Maß erwiesen. Sind Sie eher klein, empfiehlt sich eine Breite von 100 cm, größere Menschen können auch 140 cm breite Beete bewirtschaften.
Hochbeete, die an einer Wand oder vor einer Hecke stehen und nur von einer langen Seite erreichbar sind, sollten zum bequemen Bearbeiten nicht breiter als 50–70 cm sein.

Rasensoden müssen nur im Bereich des Fundaments abgestochen werden, denn unter der eigentlichen Beetfläche wird die Grasnarbe durch die aufliegende Füllung des Beets sowieso zersetzt.
Kleinstlebewesen aus dem Boden finden bei direktem Kontakt einen leichten Zugang zum Beet, sodass der erwünschte Verrottungsvorgang im Inneren des Hochbeets schnell in Gang kommt.

Vom Untergrund getrennte Hochbeete

Wenn der Boden auf dem vorgesehenen Platz für das Hochbeet befestigt ist oder Sie nicht wissen, ob der Untergrund schadstoffbelastet ist, bauen Sie das Beet besser so, dass die Füllung nicht mit dem Untergrund in Verbindung steht. Stellen Sie es auf einer Europalette oder auf Dachlatten auf. Kleiden Sie den Boden des Beets mit Unkrautvlies aus, damit die Erde gehalten wird, überschüssiges Wasser aber abfließen kann. Der Bau eines solchen Hochbeetes ist ganz einfach (→ Seite 32).

TESTLAUF MIT EINEM MOBILEN HOCHBEET

Ein langlebiges Hochbeet kann mehrere Hundert Euro kosten. Um sicher zu sein, dass das Geld gut angelegt ist, können Sie erst einmal zur Probe im Hochbeet gärtnern. Das ist auch dann sinnvoll, wenn Sie nicht sicher sind, welcher Platz für das Beet optimal ist. Starten Sie in solchen Fällen mit einem mobilen Bäckerkisten-Hochbeet (→ Abb., Seite 23). Es lässt sich schnell auf ein oder zwei Europaletten aufbauen. Sollten Sie sich nach dem Probelauf gegen ein Hochbeet entscheiden, ist es schnell wieder abgebaut. Die Kisten sind so stabil, dass man sie auch nach einer Hochbeetsaison noch anderweitig verwenden kann.

Die Länge eines Hochbeets hängt von Faktoren ab, die nichts mit der Körpergröße zu tun haben. Ausschlaggebend für die Beetlänge sind vielmehr:

- der vorhandene Platz,
- die Optik – bei einer Breite von 120 cm wirkt eine Länge von 180–200 cm harmonisch,
- die Bauweise eines Hochbeets – sehr lange Beete aus Holz müssen zusätzlich verstrebt werden,
- der Preis, den Sie bereit sind, für ein Hochbeet zu bezahlen,
- die Erntemenge, die Sie sich wünschen, und
- die Zeit, die Sie für die Pflege aufwenden wollen oder können.

Oftmals ist es sinnvoll, mit einem kleinen Hochbeet zu beginnen. Haben Sie dann Feuer gefangen und sind begeistert von dieser Art zu gärtnern, erweitern Sie die Anbaufläche um ein weiteres Hochbeet.

Die Hochbeethöhe

Ausschlaggebend für die Anschaffung eines Hochbeets ist für viele Gärtnerinnen und Gärtner die komfortable Höhe, die ein rückenschonendes Arbeiten ermöglicht. Die Beethöhe sollte daher genau zu der eigenen Körpergröße passen. Sind Sie zwischen 160 und 175 cm groß, ist eine Beethöhe von 80 cm passend. Ab einer Körpergröße von 180 cm sollten Sie sich besser für ein Beet mit 90–100 cm Höhe entscheiden. Bei der Bestimmung der Hochbeethöhe können Sie auch von Ihrer Ellbogenhöhe ausgehen. Wenn Sie aufrecht stehen, sollte der Abstand vom Ellbogen zur Beetoberfläche im Idealfall 20–25 cm betragen.

Die Höhe der Bepflanzung

Manchmal kann auch die Bepflanzung des Beets der bestimmende Faktor für die Beethöhe sein. Möchten Sie z. B. ein Hochbeet nur für Tomaten anschaffen, bestimmt nicht Ihre Körpergröße, sondern die Größe der Tomatenpflanzen die Beethöhe. Stabtomaten werden über 2 m hoch. Eine Beethöhe von 40 cm ist für diesen Sonderfall ausreichend. Zwar müssen Sie sich beim Einpflanzen bücken, aber Sie können dann den ganzen Sommer in bequemer Höhe Tomaten ernten. Die Pflanztiefe von 40 cm reicht außerdem für Tomaten völlig aus. Das Beet sollte aber nur mit einer 10 cm dicken Dränageschicht, z. B. aus gehäckseltem Holz, und einer gut aufgedüngten Gemüseerde gefüllt werden.

Die optimale Höhe für ein Hochbeet ist von der Körpergröße abhängig und liegt zwischen 70 und 90 cm.

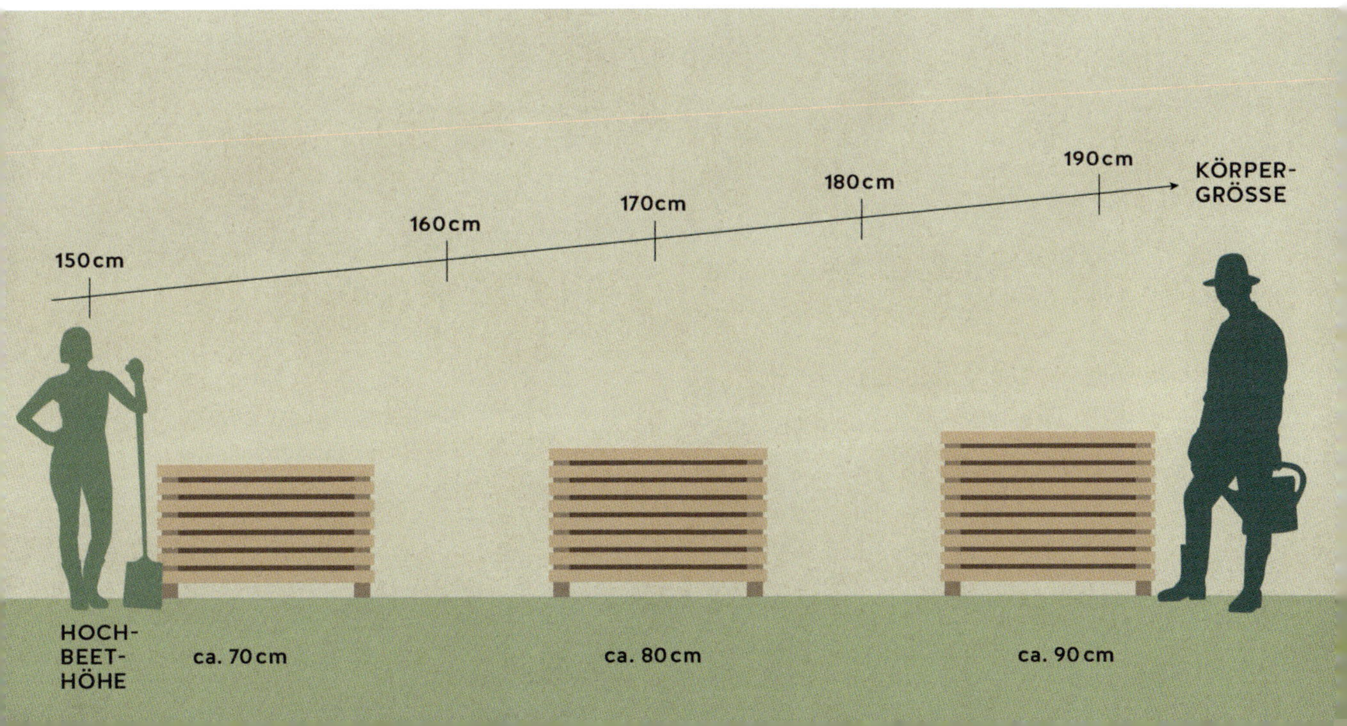

WIE VIEL ARBEIT MACHT EIN HOCHBEET?

Der Arbeitsaufwand für ein Hochbeet ist nicht genau vorherzusagen. Im Frühjahr ist der Aufwand für die Bepflanzung, im Sommer und Herbst eher der Aufwand für das Gießen hoch. Auch das Wetter spielt eine große Rolle.

Die Frage nach dem Arbeitsaufwand für ein Hochbeet lässt sich nicht pauschal beantworten. Dieser hängt zum einen von der Größe des Hochbeets ab, zum anderen vom Pflegebedarf der Bepflanzung. Zudem spielt der Standort des Beets eine Rolle und ob Sie bereit sind und die Möglichkeit haben, die Bewässerung zu automatisieren.

ARBEITSSPITZEN IM FRÜHLING

Im Frühjahr, wenn das Wintergemüse abgeerntet ist, ist das Hochbeet in aller Regel komplett leer. Das ist ein guter Zeitpunkt, um für die kommende Saison alles herzurichten. Prüfen Sie, ob die Füllung durch die Umsetzungsprozesse im Inneren des Beets abgesackt ist. Meistens muss einmal im Jahr, am besten im Frühjahr, erst einmal Erde aufgefüllt werden.
Die erste Bepflanzung im Jahr in das noch leere Beet ist auch die aufwendigste. Später werden nur einzelne abgeerntete Reihen nachgepflanzt oder gesät.
Sie können die Erst- und Vorfrühjahrsbepflanzung

Das Gießen ist die Arbeit, die die meiste Zeit bei der Bewirtschaftung eines Hochbeets einnimmt. Im Sommer fällt diese Aufgabe täglich an. Versuchen Sie daher, sich die Bewässerung so leicht wie nur möglich zu machen.

selber planen oder ein Beet aus den Vorschlägen ab Seite 98/99 nachpflanzen. Dafür besorgen Sie das nötige Saatgut sowie die erforderlichen Jungpflanzen. Sobald Gartenwerkzeug, ein Maßband und eine Pflanzleine bereitliegen, kann es losgehen.

PFLEGEAUFWAND

Nach der Bepflanzung ist erst einmal nicht viel zu tun. Schauen Sie täglich nach dem Beet und prüfen Sie, ob die Pflanzen Wasser brauchen.

Gießen

Je nachdem, wie oft es regnet, muss das Beet gegossen werden. In einem trockenen und warmen Frühjahr mehr, in einem kühlen und nassen eher weniger. Ein Beet in der Sonne braucht mehr Wassergaben als ein Beet im Halbschatten. Im Sommer ist der Wasserbedarf des Beets deutlich höher. Der Aufwand für das Gießen hängt dann stark von der Erreichbarkeit der Wasserquelle ab.

Ernten und Nachpflanzen

Im Lauf der Zeit kommen zu den Gießarbeiten das Ernten und Nachpflanzen abgeernteter Reihen. Planen Sie im Vorfeld, welche Kulturen folgen sollen, und besorgen frühzeitig das entsprechende Saatgut, dann ist die Arbeit schnell erledigt.

Fazit

Ein Hochbeet erfordert vom Erstfrühling bis in den Winter hinein täglich Ihre Aufmerksamkeit. Ein relativ hoher Arbeitseinsatz ist im Frühling notwendig, später im Jahr muss nur wenig, aber regelmäßig Zeit in das Hochbeet investiert werden. Die Wasserversorgung nimmt die meiste Zeit ein. Sie kann per Gießkanne, mit einem Schlauch oder automatisch mithilfe einer Bewässerungsanlage erfolgen.

BEWÄSSERUNG IM URLAUB PER APP

Vielleicht kann in Ihrem Urlaub ein Nachbar oder eine Nachbarin das Wässern des Hochbeets übernehmen. Eine andere Möglichkeit ist die Bewässerung über eine App, die per Smartphone von überall gesteuert werden kann. Legen Sie Tropfschläuche ins Beet und schließen Sie sie an einen Smart-Home-gesteuerten Bewässerungsautomaten an. Im Urlaub informieren Sie sich mit der App über das Wetter zu Hause und entscheiden, ob Sie die Bewässerung in Gang setzen oder nicht. Prüfen Sie vor Ihrem Urlaub in einem Testlauf, ob alles funktioniert!

Im Frühling wird das Beet komplett neu bepflanzt. Füllen Sie es vorher mit Erde auf.

Ein Bewässerungscomputer übernimmt auch im Urlaub die Wasserversorgung.

HOCHBEET-
HARDWARE

Wie beim Computer versteht man auch beim Hochbeet unter der Hardware alle materiellen Komponenten. Das reicht von Materialien wie Holz, Stein oder Metall bis zur Bauweise des Beets. Optionale Hardware: Frühbeetaufsätze, gekauft oder selbst gebaut.

KAUF, BAU UND DIE WAHL DES MATERIALS

Die Anschaffung des Hochbeets will gut bedacht sein. Je nach Geschick kauft man Fertigbeet, Bausatz oder Paletten oder baut das Beet selbst. Das Material wählt man nach Geschmack und passend zur Umgebung.

Steht der Entschluss fest, ein Hochbeet anzuschaffen, stellen sich als Nächstes diese Fragen:

- Kann man ein Hochbeet selbst bauen?
- Aus welchem Material kann man das Hochbeet anfertigen?
- Womit füllt man ein Hochbeet und woher bekommt man das Material?
- Wie kann man das Hochbeet auch im Winter nutzen?

SELBSTBAU: JA ODER NEIN?

Ein Hochbeet fertig zu kaufen ist eine nicht unbedeutende Investition. Allerdings ist der Preis in den meisten Fällen gerechtfertigt, denn ein von einem Fachbetrieb gefertigtes Beet ist so konstruiert, dass es viele Jahre hält. Zudem können Sie für Beete, die in Serie gefertigt werden, viel Zubehör kaufen, das exakt auf die Maße des Hochbeets abgestimmt ist. Dazu gehören z. B. Frühbeetaufsätze, mit denen die Hochbeetsaison im Herbst und im Frühjahr verlän-

Entscheiden Sie sich für Holz als Material für Ihr Hochbeet, ist die Auswahl an fertigen Beeten oder Bausätzen groß – es gibt sie in verschiedenen Größen und Qualitäten. Fachgerecht angefertigte Holzhochbeete haben eine lange Lebensdauer.

Ein solcher Selbstbau verlangt Erfahrung: ein Hochbeet, gemauert aus Ziegel- und Feldsteinen.

Einfachster Selbstbau: Ein Big-Bag auf einer Europalette, umfunktioniert zum Hochbeet.

gert werden kann. Zudem werden auch maßgeschneiderte automatische Bewässerungsanlagen angeboten. Sie erleichtern die tägliche Arbeit und sind sehr hilfreich für die Bewässerung während des Urlaubs.
Dennoch stellen sich viele Hobbygärtner und -gärtnerinnen die Frage, ob es nicht möglich ist, ein Hochbeet selbst zu bauen. Die Antwort lautet eindeutig: Ja, das geht natürlich und das können sowohl handwerklich Erfahrene als auch Ungeübte: Denn Hochbeete kann man in vielen Varianten und in unterschiedlichen Schwierigkeitsgraden bauen.

Handwerkliches Geschick

Die Art des Selbstbaus ist eine Frage des Anspruchs und des handwerklichen Könnens. Verfolgen Sie mit Ihrem Hochbeet-Projekt lediglich den Zweck, Gemüse, Kräuter und Obst für den Eigenbedarf anzubauen, reicht ein ausgedienter Big-Bag, der auf einer Europalette steht und schichtweise wie ein Hochbeet gefüllt ist. So ein Projekt ist mit Leichtigkeit auch für einen absoluten Anfänger umsetzbar.
Soll das Hochbeet auch als gestalterisches Element im Garten dienen, sind handwerkliche Grunderfahrungen für die Umsetzung des Projekts erforderlich. Einem Profi gelingen auch anspruchsvolle Hochbeete, wie etwa ein aus Ziegel- und Feldsteinen gemauertes Beet (→ Foto oben links). Der Bau eines solchen Hochbeets erfordert viel Geschick im Umgang mit den Materialien, Zeit, Geduld sowie einen geschulten Blick für ausgewogene Proportionen.
In der Regel ist das Arbeiten mit Holz etwas einfacher. Fertigen Sie einen Plan für Ihr Hochbeet an und lassen Sie sich die Bretter im Baumarkt gleich passgenau zuschneiden. Das erspart aufwendiges Maßnehmen und Sägen zu Hause, bei dem das Ergebnis meistens sehr viel ungenauer ausfällt.

Einen Bausatz kaufen

Für alle, die ihr Können zwischen den Fähigkeiten eines Profis und denen eines Anfängers ansiedeln, ist der Erwerb eines Bausatzes eine gute Alternative. Mit einem Bausatz bekommen Sie – für einen deutlich geringeren Preis als für ein fertiges Modell – ein Hochbeet aus hochwertigem und passend zugeschnittenem Material, dem eine durchdachte Konstruktion zugrunde liegt. Für den Aufbau brauchen Sie lediglich ein paar Werkzeuge, die in der Regel in jedem Haushalt zu finden sind.
Solche Fertigbausätze gibt es aus den verschiedensten Materialien. Am größten ist die Auswahl bei Hochbeeten aus Holz. Achten Sie beim Vergleich der verschiedenen Angebote auf die Größe des Beets, auf die verwendete Holzart und auf die Stärke der Bretter. Je dicker die Hölzer sind, desto stabiler und haltbarer ist das Beet.

Aus vorgefertigten, geflochtenen Zaunelementen ist ein Hochbeet schnell gebaut.

Der Platz für Hochbeete aus Beton muss gut überlegt sein. Sie sind nur schwer umzusetzen.

Das Füllmaterial für Gabionenkörbe kann passend auf das Umfeld abgestimmt werden.

GEEIGNETE MATERIALIEN

Hochbeete können aus den verschiedensten Materialien gefertigt sein. Das gilt sowohl für ein fertig montiertes Beet als auch für einen Bausatz oder ein komplett selbst hergestelltes Beet. Auf den folgenden Seiten finden Sie Anregungen für Hochbeete aus unterschiedlichen Materialien mit ihren jeweiligen Vor- und Nachteilen.

Zaunelemente aus Haselnussgeflecht

Aus fertigen geflochtenen Zaunelementen lässt sich ein Hochbeet in sehr kurzer Zeit errichten. Die einzelnen Elemente werden mit Draht verbunden. Innen kleidet man das Beet mit einer dicken Teichfolie oder einer Noppenfolie aus. Verwenden Sie für die Länge des Beetes jeweils zwei Zaunelemente und spannen Sie in der Beetmitte einen dicken Draht von der rechten zur linken Seite, damit das Beet beim Befüllen nicht ausbeult. Ein solches Hochbeet wirkt sehr natürlich und passt gut in einen Biogarten. Einziger Nachteil: Es verrottet relativ schnell und muss schon nach wenigen Jahren ersetzt werden.

Brunnenringe aus Beton

Hochbeete aus Betonringen sind dagegen für die Ewigkeit gemacht. Man bekommt die Fertigbauteile in verschiedenen Durchmessern und Höhen. Die abgebildeten Beete haben einen Durchmesser von 120 cm und sind 90 cm hoch. Der Baustoff Beton wirkt für sich eher schlicht und kalt, kann aber gut mit natürlichen Materialien wie Natursteinen und einer naturnahen Bepflanzung des Umfelds kombiniert werden. Der Nachteil der Brunnenringe ist ihr enormes Gewicht. Zum Aufstellen müssen Sie einen Bagger, Kran oder Traktor ausleihen.

Gabionen

Drahtkörbe aus verzinkten Gittermatten, die mit Spiralstäben zusammengehalten werden, nennt man Gabionen. Ursprünglich wurden sie im Landschaftsbau eingesetzt. Mit Steinen gefüllt, dienen sie zum Abstützen steiler Böschungen. Häufig sieht man sie auch als Abgrenzung und Sichtschutz rund um Grundstücke. Interessant werden die Körbe, wenn sie mit anderen Materialien gefüllt werden. Außer den hier zu sehenden Ziegeln und Tonelementen kann auch Holz verwendet werden. Achten Sie beim Kauf der Gabionenkörbe darauf, dass die Wandstärke eher schmal ist. Bei breiten Körben geht im Hochbeet viel Bepflanzungsfläche verloren.

Bäckerkisten

Hochbeete aus lebensmittelechten Bäckerkisten – im Fachjargon »Eurokisten durchbrochen« genannt – sind schnell aufgebaut. Man stellt sie auf eine Europalette oder auf Dachlatten. Die Kisten gibt es in verschiedenen Höhen und Sie können sie zu einer angenehmen Arbeitshöhe aufstapeln. Zwei 32 cm hohe Kisten auf einer Europalette ergeben z. B. ein 78 cm hohes Beet. Füllen Sie sowohl die oberen als auch die unteren Kisten mit Erde. Weil die Böden der Kisten ebenfalls gitterförmig sind, können größere Pflanzen bis in die untere Kiste wurzeln.

Wellblech oder Aluminium

Wellblech und Aluminium sind ebenfalls interessante Materialien für den Hochbeetbau. Solche Beete sind leicht und trotzdem sehr stabil. Die hier gezeigten Wellblechbeete bestehen aus einem Stahlblech, das mit Zink und Aluminium beschichtet ist. Der Baustoff ist resistent gegen Umwelt- und Witterungseinflüsse, sodass die Beete unverwüstlich sind und viele Jahre halten. Sie können gerade und kurvige Teile kaufen, aus denen sich individuell geformte Beete errichten lassen.

Edel- oder Cortenstahl

Hochbeete aus Stahl haben ebenfalls eine sehr lange Lebensdauer. Durch ihre hohe Stabilität können die Beetwände im Vergleich zu Holz oder Stein sehr dünn sein. Allerdings müssen sie isoliert werden, da Stahl ein guter Wärmeleiter ist. Ohne Isolierung würden die Pflanzenwurzeln im Winter erfrieren und im Sommer verbrennen.
Cortenstahl bildet auf seiner Oberfläche eine Rostschicht aus, die das Material vor weiterer Verwitterung schützt. Edelstahl ist genauso stabil und kann farblich gestaltet werden. Beide Stahlarten zählen zu den hochpreisigen Baustoffen. Einige Hersteller stellen sie auch als Bausatz zur Verfügung.

Bäckerkisten gibt es in vielen Farben. Sie kommen oft beim »Urban Gardening« zum Einsatz.

Die roten Wellblechbeete bilden einen interessanten Kontrast zur grünen Umgebung.

Hochbeete aus Cortenstahl fügen sich harmonisch in naturnah gestaltete Gärten ein.

Die konische Form dieses Hochbeets aus Douglasienholz sorgt für viel Fußfreiheit.

Das aus Eichenbohlen gebaute Hochbeet hat nach einigen Jahren eine Patina angesetzt.

Beete aus Europaletten sind schnell gebaut. Sie müssen von innen gut abgedichtet werden.

WERKSTOFF HOLZ

Holz wird am häufigsten für den Bau von Hochbeeten verwendet. Es wirkt natürlich und ist leicht zu verarbeiten. Verwendet man unbehandeltes Holz im Garten, altert es mit den Jahren, was durch Vergrauen und Ansetzen einer silbergrauen Patina sichtbar wird. Durch diesen Vorgang fügt sich das Holz harmonisch in die Umgebung ein.
Holzhochbeete können an alle Gegebenheiten im Garten angepasst werden. Sie können frei stehen oder an einer Wand, man kann sie quadratisch, rechteckig und sogar rundlich und übers Eck aufbauen. Holz lässt sich zudem gut mit anderen Baumaterialien kombinieren.

Eigenschaften verschiedener Hölzer

Ganz grob kann man zwischen weichen und harten Hölzern unterscheiden.
Zu den **Weichhölzern** zählen Kiefer, Fichte und Tanne. Sie sind sehr günstig, aber nicht besonders robust und verwittern schnell. Weichhölzer sind leicht und können auch für Hochbeete auf einem Balkon verwendet werden.
Harthölzer sind wesentlich länger haltbar. Zu diesen gehören Lärchen, Douglasien, Robinien und Eichen. Hartholz-Hochbeete sind sehr schwer und daher für ein Hochbeet auf dem Balkon nicht geeignet. Die längere Haltbarkeit schlägt sich auf den Preis nieder: Hartholz ist um einiges teurer als Weichholz.
Tropenhölzer wie Bangkirai, Bongossi, Meranti oder Teak sind ebenfalls unverwüstlich. Leider werden diese Hölzer oftmals illegal in tropischen Regenwäldern gerodet und gehandelt. Das zerstört diese Wälder und beschleunigt zudem den Klimawandel. Aus Umweltschutzgründen sollte man deshalb von der Verwendung von Tropenholz absehen. **Heimische Harthölzer** haben annähernd gleich gute Eigenschaften und sind daher die bessere Alternative. Besonders nachhaltig und unschlagbar günstig ist der Hochbeetbau aus **Altholz**. Das Beet, das auf der Abbildung unten links zu sehen ist, besteht aus ausrangierten **Europaletten** und einer Umrandung aus recycelten, durch einen Anstrich aufgewerteten Brettern aus dem Sperrmüll. Seine Haltbarkeit ist mit der eines Weichholz-Hochbeets vergleichbar.

HOLZ MIT NATURSTEIN ODER MIT METALL KOMBINIEREN

Holz lässt sich gut mit anderen Baumaterialien kombinieren. Besonders vorteilhaft ist es, die Wände aus Holz zu bauen und für die Pfosten ein Material zu verwenden, das gar nicht oder kaum der Verwitterung unterliegt. So bleibt die natürliche Optik des Hochbeets erhalten und zugleich wird die Haltbarkeit durch die stabilen Pfosten verbessert. Geeignet sind z. B. Granitstelen, die man in den Boden einlässt. An den Stelen lassen sich mit Winkelprofilen aus Metall Holzwände befestigen. Für diese Konstruktion ist handwerkliche Erfahrung erforderlich. Als sehr praktisch und leicht zu bauen hat sich eine Kombination aus dicken Holzbrettern und Metallpfosten mit U-förmigem Profil erwiesen. An den Ecken werden je zwei Pfosten »Rücken an Seite« miteinander verbunden, sodass man die Bretter im 90°-Winkel zueinander einschieben kann. Der Vorteil dieser Bauweise ist, dass eine Hochbeetwand nicht nur schnell eingebaut ist, sondern auch schnell herausgenommen werden kann. Spätestens wenn die Füllung nach einigen Jahren ausgetauscht werden muss, macht sich diese Konstruktion bezahlt.

HOCHBEETE AUS HOLZ BRAUCHEN SCHUTZ

Holz ist ein organischer Baustoff, der unter Einfluss von Licht, Wärme und Feuchtigkeit verwittert. Je weicher ein Holz ist, desto schneller verläuft der Verwitterungsprozess. Holzbeete sollten vor allem von innen geschützt werden, damit die feuchte Erde keinen direkten Kontakt mit dem Holz hat. Bestens bewährt hat sich dafür eine Noppenfolie, die auch zum Schutz von Grundmauern eingesetzt wird. Man bekommt sie in verschiedenen Breiten. Zwischen den Noppen und dem Holz kann Luft zirkulieren, sodass das Holz trocknen kann, wenn doch einmal Feuchtigkeit eindringen sollte. Hochbeete aus Weichholz sollten zusätzlich auch von außen mit einer umweltfreundlichen Lasur behandelt werden, um die Lebensdauer des Holzes zu verlängern.

Für dieses Hochbeet wurden Granitstelen aufgestellt, an denen Wände aus Holz befestigt sind.

DEN UNTERGRUND FÜR DAS HOCHBEET VORBEREITEN

Haben Sie sich für ein Hochbeet entschieden, das direkt mit dem Boden in Verbindung stehen soll, muss vor dem Aufstellen der Untergrund geprüft und so vorbereitet werden, dass das Beet stabil und waagerecht steht.

Für Hochbeete, die viele Jahre an ihrem Platz im Garten stehen sollen, sollten Sie den Untergrund sorgfältig vorbereiten. Seine Beschaffenheit hat großen Einfluss auf den stabilen Stand und die Haltbarkeit des Beetes.

DEN UNTERGRUND EINEBNEN

Egal, aus welchem Material Ihr Hochbeet gebaut werden soll, der Untergrund, auf dem es aufgestellt wird, muss gerade sein. Auf ebener Fläche ist das kein Problem. Hier sollten nur kleinere Unebenheiten ausgeglichen werden. Auf einem Hanggrundstück ist es notwendig, dass Sie etwas mehr Arbeit investieren. Terrassieren Sie den Hang so, dass eine Ebene entsteht, auf der Sie das Hochbeet aufstellen und es von allen Seiten begehen können. Für die Zuwegung müssen Sie eine Breite von 50 cm an jeder Seite berechnen. Wollen Sie das Hochbeet auch mit einer Schubkarre erreichen, ist eine Wegbreite von 80 cm erforderlich.

Der Fundamentgraben unter einem Hochbeet aus Holz wird mit Sand aufgefüllt. Dafür eignet sich Brechsand. Er lässt sich durch seine eckigen Körner besser verdichten als einfacher Bausand aus rundlichen Einzelkörnern.

EIN FUNDAMENT ANLEGEN

Für gemauerte Hochbeete und für Beete aus Holz ist es wichtig, ein Fundament anzulegen. Bei Steinbeeten dient es der Stabilität, unter Holzbeeten hat ein Fundament die Funktion einer Trennschicht.

Fundament für Steinbeete

Hochbeete, die aus Steinen, Gabionen oder aus Beton angefertigt werden, brauchen ein frostfrei gegründetes Fundament, das eine Tiefe von mindestens 80 cm hat. Steinbeete ohne Fundament sacken leicht an einigen Stellen ab, es entstehen unschöne Risse und die Beetwände können schlimmstenfalls einstürzen. Der Unterbau wird als Streifenfundament unter den Seitenwänden des Beets angelegt. Am besten holen Sie sich für die fachgerechte Ausführung den Rat eines Fachbetriebes ein.

Fundament für Holzbeete

Für Hochbeete aus Holz ist ein Fundament als Nässeschutz notwendig. Hochbeete, die direkt auf der Erde stehen, sind der Feuchtigkeit aus dem Boden ausgesetzt. Das Holz beginnt, sich an den Kontaktstellen zu zersetzen. Hochbeete, die nicht mit dem feuchten Boden in Berührung kommen, bleiben deutlich länger stabil.

Für den Bau eines Fundaments messen Sie die Umrisse des Hochbeets auf seinem künftigen Stellplatz ein. Schlagen Sie Hölzer oder Schnurpinne (Schnureisen) an den Eckpunkten ein und spannen Sie rundum eine Leine. Entlang der Leine stechen Sie gegebenenfalls den Rasen spatenbreit ab. Dann heben Sie rundherum einen spatentiefen Graben aus. Rasensoden und den Erdaushub legen Sie beiseite. Sie können das Material zum Füllen des Beets verwenden. Der Fundamentgraben wird mit Brechsand gefüllt. In den Sand legen Sie mithilfe eines Pflasterhammers eine Reihe Pflaster- oder Ziegelsteine. Orientieren Sie sich dabei an der Leine. Prüfen Sie zwischendurch immer wieder mit einer Wasserwaage, ob die Steinreihe waagerecht liegt, und korrigieren Sie gegebenenfalls. Wenn Sie fertig sind, muss der Umriss des Hochbeets als Streifenfundament genau abgebildet sein. Das Hochbeet wird daraufgestellt und ist nun von unten gegen Nässe geschützt.

Schlagen Sie an den Eckpunkten, wo die Pfosten stehen werden, Hölzer ein.

Stechen Sie den Rasen entlang der Leine ab, und heben Sie einen spatentiefen Graben aus.

In den mit Sand gefüllten Graben legen Sie eine Reihe Pflaster- oder Ziegelsteine.

EIN HOCHBEET AUS EINEM BAUSATZ ZUSAMMENSETZEN

Fertigbausätze sind ein guter Kompromiss zwischen einem Fertighochbeet und einer aufwendigen Eigenkonstruktion. Das vorgestellte Beet ist in verschiedenen Längen, Breiten und Höhen lieferbar. Durch Kürzen der Bretter kann man es einfach an besondere Gegebenheiten anpassen. Das Hochbeet besteht aus 35 mm dicken Lärchenholzbohlen, die in Pfosten mit einer eingefrästen Nut eingeschoben werden. Es wird mit Drahtgitter, Noppenfolie und Schrauben geliefert. Legen Sie zuerst ein Fundament aus Steinen an (→ Seite 26/27) und bauen Sie das Beet am besten zu zweit auf.

DAS BRAUCHEN SIE:

- 4 Pfosten
- 16 Bohlen für den Kasten
- 4 Bohlen für den Rand
- 4 Gewindestangen
- 8 Hutmuttern mit Unterlegscheiben
- Drahtgitter (100 × 150 cm, Maschenweite 13 mm)
- Noppenfolie (80 × 520 cm)
- 25 Spenglerschrauben mit Dichtscheibe
- Maßband und Wasserwaage
- Akkuschrauber
- Tacker und Klammern

Sortieren Sie das Material dort, wo Sie das Beet aufbauen wollen. Es gibt kurze und lange Bretter, einige mit geraden, andere mit abgeschrägten Kanten, Bretter für den oberen Rand und Pfosten.

Für einen rechtwinkligen Aufbau legen Sie zwei kurze Bretter mit geraden Kanten auf die kurzen Fundamentseiten. Sie müssen exakt waagerecht liegen. Stellen Sie die vier Pfosten an den Ecken auf.

Nun schieben Sie die erste Lage der Holzbohlen – es sind die Bretter mit vier geraden Kanten – in die Nuten der Pfosten. Arbeiten Sie zu zweit. Jeder hält mit einer Hand einen Pfosten, mit der anderen Hand führen Sie die Bretter vorsichtig ein und drücken sie bis auf den Boden hinunter.

Gewindestangen halten die Seiten des Hochbeets fest zusammen. Damit diese Stangen Platz haben, ist die zweite Lage der Bohlen an den Längsseiten angeschrägt. Achten Sie darauf, dass diese Schräge nach innen und oben ausgerichtet ist. Dann führen Sie die zweite Lage Holzbohlen genauso in die Nut der Pfosten ein wie die erste Lage.

Dann schieben Sie die Gewindestangen durch die vorgebohrten Löcher in die Pfosten Die Stangen kreuzen sich innerhalb der Pfosten. Welche Stange unten und welche oben liegt, ergibt sich aus den Vorbohrungen.

Setzen Sie auf die Enden der Gewindestangen je eine Unterlegscheibe und schrauben Sie eine Hutmutter auf. Ziehen Sie die Schrauben aber noch nicht fest. Das Beet muss zuvor – bis auf die Umrandung – aufgebaut und genau ausgerichtet werden. Doch das Hochbeet hat jetzt schon eine gewisse Stabilität und fällt nicht mehr auseinander.

Nun lassen Sie die übrigen Bretter mit abgeschrägten Kanten in die Nuten der Pfosten ein. Die schrägen Kanten müssen dieses Mal nach innen und unten zeigen – hin zu den Gewindestangen.

Die »Hilfsbretter« (→ Bild 2) können jetzt entfernt werden und zusammen mit den übrigen zwei langen Brettern mit gerader Kante als oberste Lage für die Seitenwände in die Nuten eingeschoben werden.

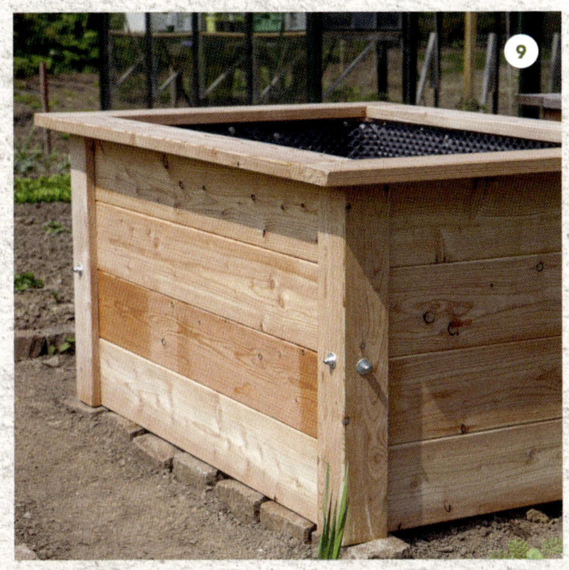

Richten Sie das Beet ganz gerade und rechtwinklig aus (→ Kasten). Erst dann ziehen Sie die Hutmuttern fest. Legen Sie die Bretter für den Rand auf und schrauben Sie sie so fest, dass der Rand an allen Seiten gleich weit übersteht.

Befestigen Sie das Wühlmausgitter mit einem Tacker innen an den unteren Brettern und schrauben Sie dann die Noppenfolie mit Spenglerschrauben an die Hochbeetwände. Die Schraubenköpfe sind jeweils mit einer Moosgummi-Dichtung unterlegt, sodass die Folie auch im Bereich der Schrauben wasserdicht ist.

DAS HOCHBEET GENAU RECHTWINKLIG AUSRICHTEN

Die höchste Stabilität erreicht ein Hochbeet, wenn es genau ausgerichtet wird, bevor der obere Rand befestigt wird. Um die Rechtwinkligkeit festzustellen, messen Sie die Diagonalen des Beetkastens aus. Legen Sie ein Maßband zunächst von der hinteren linken Ecke des Pfostens bis zur vorderen Ecke des rechten Pfostens an. Notieren Sie das Maß. Danach messen Sie die Strecke von der hinteren Ecke des rechten Pfostens bis zur vorderen Ecke des linken Pfostens. Sind beide Strecken gleich lang, ist das Beet rechtwinklig ausgerichtet. Sind die Längen unterschiedlich, verschieben Sie die Wände so lange, bis die Maße übereinstimmen. Ziehen Sie erst dann die Muttern auf den Gewindestangen fest an.

EIN EINFACHES HOCHBEET AUS EUROPALETTEN BAUEN

Ein Hochbeet lässt sich ganz einfach aus Holzrahmen für Europaletten bauen. Die zusammenklappbaren Rahmen bekommt man fast in jedem Baumarkt. Leider ist das Holz, aus dem die Rahmen gefertigt sind, eher minderwertig und im Garten nicht lange haltbar. Man kann aber die Profile, die für die Rahmen verwendet werden, einzeln kaufen (→ Seite 170, Bezugsquellen). Daraus ergibt sich die Möglichkeit, die Aufsätze für ein Hochbeet aus haltbarerem Holz, wie Lärche oder Douglasie, zu bauen.

DAS BRAUCHEN SIE:

- 1 Europalette, 80 × 120 cm
- Terrassendielen aus Douglasie: 6 Stück à 20 × 114,5 cm, 6 Stück à 20 × 74,5 cm oder je 12 bei 10 cm Breite, Rand: je 2 Stück à 10 × 130 cm und 10 × 70 cm
- 12 Scharniere für Aufsatzrahmen
- Unkrautvlies (120 × 140 cm), Drahtgitter (80 × 120 cm, Maschenweite 13 mm), Noppenfolie (40 × 400 cm)
- 96 Spaxschrauben, 25 Spenglerschrauben, 4 Flachverbinder, 8 Stuhlwinkel
- Säge, Schrauber, Tacker, Hammer, Maßband

1 In manchen Baumärkten ist es möglich, das Holz passend zusägen zu lassen. Wenn Sie selber zuschneiden, benötigen Sie dafür eine Kreissäge, eine Handkreissäge oder eine Kappsäge.

2 Jedes Scharnier besteht aus einer linken und einer rechten Hälfte. Setzen Sie die Hälften an jeder Seite 0,5 cm unter der Oberkante der Diele an und befestigen Sie sie mit je 4 Spaxschrauben.

Verbinden Sie je zwei der angeschraubten Scharnierhälften mit einem Scharnierstift. Der Stift wird mit der Krümmung nach oben eingeführt. Ab der Krümmung schlagen Sie den Stift mit einem Hammer ein. Damit entsteht eine feste Verbindung.

Verbinden Sie auf die zuvor beschriebene Weise immer abwechselnd eine kurze und eine lange Diele. Mit dem letzten Stift verbinden Sie die Scharnierhälften der ersten und der letzten Diele, sodass ein geschlossener Rahmen entsteht. Setzen Sie den Rahmen zur Probe auf die Europalette. Passt alles, stellen Sie zwei weitere Rahmen her.

Drehen Sie den unteren Rahmen mit der Unterseite nach oben. Achten Sie darauf, dass er genau rechtwinklig ausgerichtet ist. Mit einem Tacker befestigen Sie ein 80 × 120 cm großes Stück Volierendraht an der Unterseite. Das Drahtgitter schützt das Hochbeet vor dem Eindringen von Wühlmäusen.

Stellen Sie die Europalette an dem endgültigen Platz für das Hochbeet auf. Das Beet kann auch auf einem befestigten Untergrund, z. B. auf einer gepflasterten Terrasse stehen. Setzen Sie den Rahmen mit dem Wühlmausschutz auf. Legen Sie den Boden des Beets mit einem Vlies aus, damit keine Erde durch die Palette rieselt. Befestigen Sie das Vlies an den Seiten mit einem Handtacker. Dann setzen Sie den zweiten und dritten Rahmen auf.

Verbinden Sie die Dielen für den Beetrand mit Flachverbindern aus Metall. Damit die Bretter rechtwinklig verbunden werden, legen Sie sie beim Verschrauben an einen großen Winkel an.

Kleiden Sie die Innenseiten des Hochbeets mit einer Noppenfolie aus, um das Holz vor nasser Erde zu schützen. Die Noppen zeigen zum Holz. Schrauben Sie die Folie mit Spenglerschrauben an. Sie haben unter dem Kopf ein abdichtendes Gummi.

Legen Sie die Umrandung auf und richten Sie sie so aus, dass der Rand an jeder Seite gleich weit übersteht. Befestigen Sie die Umrandung mit acht kleinen Stuhlwinkeln von innen an dem obersten Aufsatzrahmen.

Ein Ergebnis, das sich sehen lassen kann. Zusammen mit der Europalette ist das Hochbeet mit drei Rahmen und Umrandung 76 cm hoch. Für ein höheres Beet legen Sie einen vierten Rahmen auf und kommen dann auf 96 cm Höhe.

PALETTENRAHMEN FÜR DEN KARTOFFELANBAU NUTZEN

Ein Beet aus Aufsatzrahmen auf einer Europalette können Sie gut für den Anbau von Kartoffeln nutzen. Sie brauchen dafür nur zwei Rahmen. Füllen Sie in das Beet etwa 10 cm hoch Gemüseerde. Darauf verteilen Sie fünf Pflanzkartoffeln. Decken Sie die Kartoffeln mit 10 cm Erde ab und gießen sie an. Sobald die Kartoffeltriebe eine Handbreit herausschauen, füllen Sie so viel Erde nach, dass nur noch die Blattspitzen zu sehen sind. So bilden sich im Beet mehrere Lagen neuer Kartoffeln. Wiederholen Sie den Vorgang, bis das Beet bis zum Rand gefüllt ist. Zum Ernten ziehen Sie die Rahmen nach oben ab. Damit das gelingt, dürfen Wühlmausschutz und Unkrautvlies nur untergelegt und nicht festgetackert sein.

DAS HOCHBEET RICHTIG FÜLLEN

Die Füllung ist das A und O des Hochbeets. Von ihr hängt ab, ob die Pflanzen gut gedeihen. Die einzelnen Schichten können aus ganz unterschiedlichen Materialien bestehen. Jede dieser Methoden hat Vor- und Nachteile.

Ein häufiger Fehler beim Befüllen ist, das Hochbeet komplett mit Gartenerde zu füllen. Ein solchen Substrat ist zu dicht, deshalb fehlt ihm Luft, die für die Pflanzenwurzeln unentbehrlich ist. Eine Hochbeetfüllung muss vielmehr geschichtet sein: Unten liegt grobes Material, nach oben hin feinere Erde. Im Folgenden werden verschiedene Schichtmethoden vorgestellt. Überlegen Sie, welche Vorteile für Sie wichtig sind. Dann entscheiden Sie sich für eine der vorgestellten Füllungen oder stellen Sie sich eine eigene Schichtung zusammen.

DIE KLASSISCHE FÜLLUNG

Die klassische Füllung eines Hochbeets erfolgt schichtweise.

- Beginnen Sie unten mit einer 20–30 cm dicken Schicht aus Ästen und dünnen Zweigen, die beim winterlichen Baum- und Strauchschnitt anfallen.
- Decken Sie diese grobe Holzschicht mit einer 5–10 cm dicken Schicht aus Laub oder Grassoden ab.

Der Inhalt des Schnellkomposters lässt sich für die Füllung verwenden. Schaufeln Sie die groben Bestandteile auf die Dränageschicht, darauf die halb verrotteten. Die feinen Bestandteile von unten mischen Sie in die Pflanzschicht.

Bei der klassischen Hochbeetfüllung wird Baum- und Strauchschnitt als Dränage verwendet.

Dicke Holzscheite verrotten nur langsam. Die Füllung sackt nicht so schnell zusammen.

- Darauf füllen Sie 20–30 cm Rohkompost sowie das halb verrottete Material aus Ihrer Kompostmiete oder aus dem Schnellkomposter.
- Die letzten noch fehlenden 20–30 cm Schicht der Füllung ist die eigentliche Pflanzschicht. Dafür können Sie humose Gartenerde mit reifem Kompost mischen.

Die Vorteile der klassischen Füllung

- Haben Sie einen Garten, in dem Strauchschnitt und Kompost anfallen und aus dem Sie ein paar Schubkarren voll Erde abzweigen können, ist diese Füllung fast kostenlos zu bekommen.
- Die Methode bietet Ihnen die Möglichkeit, auf einfache und sinnvolle Weise den Inhalt Ihres Komposters unterzubringen.
- Nach der Befüllung setzt sehr bald ein Verrottungsprozess ein, der den Boden für einige Wochen deutlich erwärmt. Das wirkt sich vorteilhaft auf das Pflanzenwachstum aus.
- Aus der sich zersetzenden organischen Masse werden Pflanzennährstoffe freigesetzt, sodass Sie kaum düngen müssen.

Nachteile der klassischen Füllung

- Im ersten Jahr werden durch den Rotteprozess so viele Nährstoffe freigesetzt, dass nur Starkzehrer angebaut werden sollten.
- Durch die hohe Umsetzungsrate der Mikroorganismen sackt die Füllung so schnell zusammen, dass mindestens einmal im Jahr Substrat nachgefüllt werden muss.

DIE PFLANZKASTENFÜLLUNG

Ein Hochbeet kann auch wie ein großer Pflanzkasten auf der Terrasse gefüllt werden.

- Dabei besteht die untere, ca. 30 cm dicke Schicht aus Dränagematerial. Das können Steine sein, auch zerbrochene Betonplatten oder Bauschutt.
- Die Zwischenräume von groben Materialien werden mit Sand oder Splitt aufgefüllt.
- Alternativ können Sie auch ein Tongranulat (Blähton) verwenden.
- Diese Dränageschicht deckt man mit einem wasserdurchlässigen Vlies ab.
- Dann füllen Sie das Beet mit einer guten Pflanzerde auf. Achten Sie darauf, dass die Erde Tonanteile enthält. Dies sorgt für eine gute Wasserspeicherkapazität und macht die Erde strukturstabil. Zudem sollte die Erde torffrei sein und Pflanzennährstoffe für die ersten Wochen enthalten. Gute Kübelpflanzenerde erfüllt diese Bedingungen.

Vorteile der Pflanzkastenfüllung

- Die Füllmaterialien sind leicht zu beschaffen. Blähton z. B. bekommt man in Säcken abgepackt.

Erde auf die Holzscheite füllen und mit der Brause in die Zwischenräume einspülen.

Grünschnittkompost ist gut aufbereitet und kann als mittlere Schicht eingefüllt werden.

Gemüseerde auf einen Haufen Gartenerde schütten und mit einer Schaufel mischen.

- Wenn Sie Blähton verwenden, ist die Befüllung leicht und eignet sich auch für ein Hochbeet auf dem Balkon.
- Die Füllung ist stabil und sackt nicht oder kaum merklich zusammen.
- Der Nährstoffgehalt ist auf Mittelzehrer abgestimmt, die Auswahl passender Pflanzen ist daher auch im ersten Jahr groß.

Nachteile der Pflanzkastenfüllung

- Die Füllmaterialien sind relativ teuer, besonders wenn auch die Dränage gekauft werden muss.
- Es finden keine Umsetzungsprozesse statt, die den Boden erwärmen.
- Auch im ersten Bepflanzungsjahr muss schon nachgedüngt werden.
- Das Substrat ist anfangs nur wenig belebt. Eine organische Nachdüngung mit Kompost braucht deshalb länger, bis sie umgesetzt wird und wirkt.

DIE HOLZSCHEIT-FÜLLUNG

Diese Füllung verfolgt das Ziel, die Vorteile, der klassischen und der Pflanzenkastenfüllung zu nutzen und die Nachteile beider Füllarten möglichst gering zu halten. Dabei gehen Sie so vor:

- Stellen Sie als Dränagematerial ca. 30 cm hohe Kaminholzscheite oder andere dicke Äste – auf etwa 30 cm Länge geschnitten – dicht aneinander unten in das Hochbeet.
- Hohlräume zwischen den Scheiten füllen Sie mit einem strukturstabilen Substrat aus gleichen Anteilen Brechsand und Gartenerde. Bedecken Sie die Scheite mit dem Gemisch und spülen Sie es mit einem Schlauch in die Hohlräume ein. Wiederholen Sie den Vorgang, damit alle Zwischenräume gefüllt sind.
- Sind bei der Vorbereitung des Hochbeetplatzes Rasensoden angefallen, können Sie diese als nächste Schicht – mit der Rasenseite nach unten – einfüllen. Diese Soden sind aber nicht unbedingt notwendig.
- Die nächste, etwa 25 cm dicke Schicht besteht aus halb fertigem Grünschnittkompost. Sie bekommen ihn von kommunalen Kompostplätzen. In der Regel wird er für wenig Geld oder sogar

kostenlos abgegeben. Das Material verrottet im Hochbeet weiter und erzeugt dabei Wärme.
- Als 20–30 cm dicke Pflanzschicht mischen Sie Gartenerde mit einer gekauften Gemüseerde.

Vorteile der Holzscheit-Füllung

- Die Dränageschicht aus Holzscheiten kostet viel weniger als eine gleich dicke Schicht aus Blähton.
- Pilze, die sich beim Zersetzen der Holzscheite verbreiten, sind Nahrung für Regenwürmer, die wiederum die Durchmischung und Belüftung der oberen Schichten übernehmen.
- Die Holzscheite verrotten langsamer als die Äste der klassischen Füllung, daher sackt die Füllung auch viel langsamer zusammen.
- Der Grünschnittkompost verrottet nicht so schnell wie der Rohkompost der klassischen Füllung. Auch das führt dazu, dass das Substrat langsamer absackt.
- Die Füllung enthält weniger Nährstoffe als die klassische Füllung, sodass auch im ersten Jahr nicht nur Starkzehrer angebaut werden können.
- Die Füllung ist belebt. Im Kompost und in der Pflanzschicht befinden sich Bodenlebewesen, eine organische Nachdüngung wird schnell umgesetzt, die Nährstoffe sind schnell verfügbar.

Nachteile der Holzscheit-Füllung

- Die Beschaffung der Materialien ist nicht ganz einfach. Kaminholz können Sie sich anliefern lassen, Grünschnittkompost muss in der Regel selber abgeholt werden.
- Die Hochbeetfüllung muss jedes Jahr, wenn auch nur ein paar Zentimeter, aufgefüllt werden.
- Die Erwärmung des Bodens durch die Verrottung der organischen Bestandteile fällt deutlich geringer aus als bei der klassischen Füllmethode.

DIE METHODEN KOMBINIEREN

Sie können die Füllmethoden auch abwandeln. Dabei ist es wichtig zu beachten, dass sich unten im Beet eine grobe Dränageschicht befindet, damit der Lufthaushalt stimmt und sich keine Staunässe bildet. Weiterhin darf die Pflanzschicht nicht aus reinem Kompost bestehen, der zu viele Nährstoffe enthält. Besser ist eine Schicht Gemüseerde aus dem Sack. Ihr kann – aber muss nicht – Gartenerde beigemischt werden.

Füllen Sie Erde bis an die Unterkante. Jede Füllung sackt nach ein paar Regenschauern etwas zusammen.

FRÜHBEETAUFSÄTZE FÜR DAS HOCHBEET

Ein Frühbeetaufsatz ist eine sinnvolle Ergänzung zum Hochbeet. Er verwandelt es vorübergehend in ein kleines Gewächshaus. Die Gartensaison kann damit im Frühjahr und im Herbst um mehrere Wochen verlängert werden.

Ein Frühbeetaufsatz ist eine Konstruktion aus Holz oder Metall mit Flächen aus Glas oder Folie, die als Abdeckung auf das Hochbeet aufgesetzt wird. Sie hat die Funktion eines kleinen Gewächshauses. Kurzwelliges Sonnenlicht dringt durch das Glas ein und wärmt die Luft, die Pflanzen und den Boden unter der Abdeckung auf. Die von den Körpern abgegebene Wärmestrahlung ist langwellig und kann nicht durch das Glas nach draußen dringen. Diesen physikalischen Vorgang nennt man »Treibhauseffekt«. Weil in der Wärme Wasser verdunstet, herrscht unter der Abdeckung hohe Luftfeuchtigkeit. Alles in allem stehen die Pflanzen also geschützt vor Wind und Regen und haben zudem optimale Wachstumsbedingungen.

SO FUNKTIONIERT EIN FRÜHBEET

Wie ein Gewächshaus muss ein Frühbeet bei Sonne gut gelüftet werden, denn unter Glas kann es rasch auch zu heiß werden. Temperaturen von 50 °C und

Im Frühbeet können Pflanzen mit einem Frostwächter aus Terrakotta vor Kälteeinbrüchen geschützt werden. In dem Gefäß steht eine Kerze, die dieses aufheizt, sodass es Wärme abstrahlt. Ein Frostwächter reicht für etwa zwei Quadratmeter.

mehr sind bei starker Sonneneinstrahlung unter einem geschlossenen Frühbeet schnell erreicht und lassen die Pflanzen darin nach relativ kurzer Zeit eingehen. In feuchter und warmer Luft können sich außerdem Pilzkrankheiten gut ausbreiten, auch deshalb ist das Lüften von großer Wichtigkeit. Da durch die Überdachung kein Regenwasser an die Pflanzen gelangt, müssen Pflanzen im Frühbeet regelmäßig gegossen werden.
Mit einem Frühbeetaufsatz verlängern Sie die Vegetationszeit. Im Frühjahr erwärmt sich bei Sonneneinstrahlung der Boden unter Glas oder Folie schneller als im Freiland. So können Sie zeitiger mit der Bepflanzung des Hochbeetes beginnen. Im Herbst bleibt es unter einem Frühbeetaufsatz länger warm. Während das Gemüse im Freiland schon in eine Ruhephase übergeht, wächst es geschützt unter der Überdachung noch weiter, sodass Sie oft bis in den Dezember verschiedene Salate ernten können.

KAUFEN ODER SELBST BAUEN?

Frühbeetaufsätze können Sie fertig kaufen. Viele Anbieter von Hochbeeten haben Aufsätze im Angebot, die genau auf das entsprechende Hochbeet passen. Überlegen Sie, welche Pflanzen Sie im Frühjahr und /oder im Herbst unter dem Frühbeetaufsatz schützen wollen. Sollen es nur ein paar Salate sein, genügt ein niedriger Aufsatz. Beabsichtigen Sie, auch Jungpflanzen wie z. B. Tomaten anzuziehen, brauchen Sie mehr Höhe. Praktisch ist ein Aufsatz, der sich bei Nichtgebrauch im Sommer leicht auseinanderbauen und somit besser verstauen lässt.
Ein Frühbeetaufsatz ist aber auch schnell selbst gebaut. So können Sie ihn genau an die Größe Ihres Hochbeets anpassen. Auf den folgenden Seiten finden Sie zwei Bauanleitungen: eine etwas aufwendigere Konstruktion aus Holz und Plexiglas und eine einfache Variante aus Haselnusszweigen und Folie.

Optimale Lüftungsmöglichkeiten: Dachflächen und Seitenwände können geöffnet werden.

Der Aufsatz zum Bausatz von Seite 28–31 ist mit automatischen Fensterhebern erhältlich.

JUNGPFLANZEN-ANZUCHT IM FRÜHBEET

Im Vor- und Erstfrühling können Sie unter einem Frühbeetaufsatz wunderbar Jungpflanzen anziehen. Dort ist es viel heller als im Haus auf einer Fensterbank. Die Pflanzen werden kräftiger und härten ab, bevor Sie im Hochbeet ausgepflanzt werden. Doch Vorsicht bei Nachtfrösten: Wenn die Sonne nicht scheint, ist es auch im Frühbeet kalt. Die Temperatur ist im Vergleich zu draußen besonders in der Nacht maximal 1 °C höher. Empfindliche Pflanzen sollten Sie daher über Nacht wieder ins Haus holen.

EINEN FRÜHBEETAUFSATZ AUS HOLZ UND PLEXIGLAS BAUEN

Ein selbst gebauter Frühbeetaufsatz hat den Vorteil, dass er genau an die Maße des Hochbeets angepasst werden kann. Dieser Aufsatz mit Pultdach passt auf ein 80 × 130 cm großes Hochbeet, innen am Rahmen gemessen. Er ist aus Dachlatten, zwei Leimholzbrettern und Acrylglasplatten als Fensterfüllung gefertigt. Haben Sie die Längen der Dachlatten entsprechend der Größe Ihres Hochbeets ausgemessen, können Sie sich diese im Baumarkt zusägen lassen. Das spart zu Hause eine Menge Arbeit.

DAS BRAUCHEN SIE:

- Dachlatten, 24 × 48 mm; Vorder- und Rückwand: 4 × 130 cm, 3 × 31,5 cm, 3 × 21,5 cm, Dach: 2 × 133,5 cm, 3 × 79 cm, 2 × 60 cm, Sicherung: 4 × ca. 20 cm
- 2 Leimholzbretter, 40 × 87 cm
- Acrylglas, 2 mm oder 4 mm dick, 2 m²
- 1 Paket Holzschrauben, 6 × 80 mm, 3 × 16 mm und 3,5 × 20 mm
- 8 Winkel, 5 × 5 × 1,5 cm, 3 Scharniere
- 2 Holzstäbe, ca. 80 × 2,5 × 1,5 cm, mit 2 kleinen Scharnieren
- Handkreissäge, Akkuschrauber, -bohrer
- Zollstock, Cuttermesser, Schraubzwingen

Vorder- und Rückwand des Kastens bestehen aus mit Acrylglas gefüllten Rahmen, damit Licht in das Frühbeet gelangt. Die langen Latten (so lang wie das Hochbeet) werden (für Schritt 2) mit 1,5 cm Abstand zum Rand vorgebohrt.

Latten stumpf aneinanderschrauben. Die kurzen Latten für die hohe Rückwand und die niedrigere Vorderwand liegen zwischen den langen Latten.

Die Leimholzbretter für die Kastenseiten werden abgeschrägt. Hinten bleibt die Höhe von 40 cm bestehen, vorn soll der Kasten 31 cm hoch sein. Zeichnen Sie die Schräge an und schneiden Sie die Seitenwände mit einer Handkreissäge passend zurecht.

Verbinden Sie die Seitenteile, die Vorderwand und die Rückwand mithilfe der Winkel zu einem Kasten. Achten Sie beim Verschrauben darauf, dass die Seiten genau rechtwinklig zueinanderstehen. Für das Dach baut man ebenfalls einen Lattenrahmen. Die 133,5 cm langen Latten werden stumpf vor die 79 cm langen Latten geschraubt.

Legen Sie das Dach auf den Kasten, es soll hinten und an den Seiten abschließen und vorn etwas überstehen. Verwenden Sie 2 mm dickes Acrylglas, unterteilen Sie die Dachfläche mittig mit zwei weiteren Latten, damit die Scheiben mehr Auflagefläche haben und nicht brechen. 4 mm dickes Acrylglas ist stabiler und kommt ohne Verstärkung aus.

Messen Sie die Ausschnitte für die Scheiben aus und übertragen Sie die Maße mit einer Zugabe von 1,5 cm an jeder Seite auf das Acrylglas. Die Scheiben sind mit Folie bedeckt, sodass Sie darauf zeichnen können. Legen Sie eine Schiene an und ritzen Sie mit einem Cuttermesser eine Rille in das Glas. Brechen Sie die Scheibe über der Tischkante ab. Der Zuschnitt kann auch mit einer Handkreissäge erfolgen, mit dem Cuttermesser bekommt man aber sauberere Kanten.

Die Scheiben werden von innen auf die Fensterausschnitte gelegt, an den Rändern mit einem dünnen Holzbohrer vorgebohrt und vorsichtig mit den kleinen Holzschrauben auf dem Rahmen befestigt.

Sind alle Scheiben eingesetzt, wird das Dach an die Rückwand montiert. Richten Sie den Deckel sorgfältig auf dem Kasten aus und befestigen Sie ihn mit drei kleinen Scharnieren.

In jede Ecke des Aufsatzes wird eine der 20 cm langen Latten so angeschraubt, dass sie bis in die Erde im Frühbeet reicht. Sie sorgen dafür, dass der Frühbeetaufsatz nicht verrutschen kann. Am Dach befestigen Sie zwei 80 cm lange Stäbe mit kleinen Scharnieren. Sie dienen als Halterung beim Lüften.

Nun ist der Frühbeetkasten fertig. Wollen Sie sich das Lüften des Kastens etwas erleichtern, montieren Sie einen automatischen Fensteröffner. Die Öffner können je nach Temperatur im Frühbeetkasten eingestellt werden und funktionieren ohne Strom (→ Seite 170, Bezugsquellen).

MATERIALIEN FÜR DIE FENSTERAUSSCHNITTE

Statt der Acrylglasscheiben können auch Stegdoppelplatten in die Frühbeet-Fensterausschnitte eingesetzt werden. Eine 4 mm dicke Platte ist ausreichend. Die Hohlkammerplatten isolieren besser als Acrylglas. Damit kein Wasser und kein Schmutz in die Kammern eintritt, müssen die Platten an den Schnittkanten mit einer Leiste abgedeckt werden. Verschmutzte Platten lassen deutlich weniger Licht durch und beeinträchtigen das Pflanzenwachstum. Eine weitere Alternative ist eine Gewächshausgitterfolie. Sie kann mit Nägeln auf dem Rahmen befestigt werden. Die Folie ist allerdings durch die stabilisierenden eingearbeiteten Fäden weniger lichtdurchlässig als Acrylglas oder Stegdoppelplatten.

EINEN FRÜHBEETAUFSATZ AUS HASELZWEIGEN UND FOLIE BAUEN

Diese Frühbeet-Variante ist sehr leicht zu bauen. Sie besteht aus Tunnelbögen, über die eine Folie gespannt wird. Bögen aus Metall kann man in vorgefertigten Breiten kaufen, sie passen aber nicht auf jedes Hochbeet. Stattdessen kommen hier Haselnussruten zum Einsatz, die sich an jede Beetbreite anpassen lassen. Die Abdeckung besteht aus einer speziellen UV-beständigen Gewächshausfolie, die es als Meterware zu kaufen gibt. Für diese einfache Konstruktion benötigt man kein Spezialwerkzeug.

DAS BRAUCHEN SIE:

- 6 Ringschrauben, 25 × 14 × 4 mm
- 9 Haselnussruten, etwa 2 m lang
- Gewächshausfolie, 200 × 300 cm, passt auf Hochbeete mit einer Breite von 100 cm und einer Länge bis 180 cm
- Draht oder reißfester Bindfaden
- Spanngummi (Länge entsprechend dem Hochbeetumfang), Universalklammern
- Gartenschere, Haushaltsschere
- Schraubendreher oder Zange

1

2

1 Die Ringschrauben halten die Haselnussruten. Drehen Sie sie mit einem Schraubenzieher oder einer Zange so innen in den Rand des Hochbeets, dass sich immer zwei Schrauben gegenüberstehen.

2 Stecken Sie durch jede Ringschraube eine Haselnussrute ca. 20 cm tief in den Boden. Führen Sie die gegenüberliegenden Ruten zusammen und verflechten Sie diese miteinander.

Die Bögen werden mit drei längs verlaufenden Ruten stabilisiert. Befestigen Sie sie mit Draht oder Bindfaden am Scheitelpunkt und an beiden Seiten der Bögen. Kürzen Sie die Ruten so weit ein, dass sie nur 1 cm überstehen und nicht in die Folie stechen können.

Legen Sie die Gewächshausfolie über die Bögen. Sie muss an allen Seiten mindestens 20 cm über die Ränder ragen. Spannen Sie das Gummiband um das Hochbeet, sodass die Folie damit gehalten wird. Zum Lüften wird die Folie hochgeschoben und mit Klammern befestigt.

SCHÄDLINGSSCHUTZ IM SOMMER

Ist es draußen warm genug, dass die Folie abgenommen werden kann, können Sie die Bögen als Halterung für ein Kulturschutznetz nutzen. Es verhindert den Befall der Pflanzen mit schädlichen Insekten. Möhren-, Kohl- und Zwiebelfliege werden durch das Netz von der Eiablage an den Pflanzen abgehalten. Es schützt vor den Raupen des Kohlweißlings und hält Vögel fern, die gern mal an den Pflanzen picken. Kulturschutznetze werden sofort nach der Bepflanzung aufgelegt, denn sind erst einmal Schädlinge an den Pflanzen, vermehren Sie sich auch unter dem Netz weiter. Licht, Luft und Wasser können ungehindert durch das Netz hindurchdringen. Zum Unkrautjäten und Ernten nimmt man es ab.

HOCHBEET-SOFTWARE

Für die Arbeit am Hochbeet brauchen Sie jetzt noch ein wenig Know-how: Welche Gartenwerkzeuge sind hochbeettauglich? Was ist für Bewässerung und Düngung nötig? Was muss man zum Thema Saatgut wissen und wie zieht man Jungpflanzen selber an?

AUSSTATTUNG UND GRUNDWISSEN FÜR DIE ARBEIT AM HOCHBEET

Für das Hochbeetgärtnern brauchen Sie langstielige Gartengeräte, um das Beet zu befüllen, kurzstielige zum Bearbeiten, Gießkanne oder Gartenschlauch sowie einige Fakten zum Thema Gießen und Düngung.

Sobald das fertig gebaute und befüllte Hochbeet im Garten steht, können Sie mit der Bewirtschaftung beginnen. Am einfachsten geht das mit den Pflanzplänen ab Seite 98. Diese haben thematische Schwerpunkte – von Gemüse über Salate bis zu Kräutern. Dort finden Sie auch alle wichtigen Informationen über die Pflanzen oder das Saatgut, das Sie für die Bepflanzung Ihres Hochbeets brauchen.

GARTENGERÄTE FÜR DAS HOCHBEET

Bevor Sie mit der Arbeit am Hochbeet beginnen, sollten Sie prüfen, ob alles dafür Notwendige schon bereitliegt. Welche Geräte haben Sie? Sind sie wirklich geeignet? Gibt es Zubehör, das Sie vielleicht noch anschaffen sollten?

Geräte zum Befüllen des Hochbeetes

Wenn Sie Gartenbesitzer sind, werden Sie Gartengeräte, die Sie zur Anlage und zum Befüllen eines Hochbeets brauchen, vermutlich schon besitzen –

Mit einer langstieligen Schaufel werden Kompost und Pflanzerde in das Hochbeet gefüllt. Für den Transport der Materialien ist eine Schubkarre nötig. Für die Bepflanzung und Pflege des Beetes eignen sich kurzstielige Gartengeräte besser.

sie gehören zur Grundausstattung für die Bewirtschaftung eines Gartens. Sie benötigen:

- eine Schubkarre für den Transport des Materials,
- einen Spaten, um den Untergrund vorzubereiten,
- eine Harke, um den Untergrund einzuebnen,
- eine Astschere, um Baum- und Strauchschnitt auf die richtige Länge zu bringen,
- eine Schaufel, um Erde in das Beet zu füllen.

Geräte für die Beetbepflanzung und -pflege

Für die Bepflanzung und Pflege eines Hochbeets benötigen Sie eher kleine Geräte mit kurzem Stiel:

- eine Harke, um die Beetoberfläche zu glätten,
- einen Zollstock, um Reihenabstände zu messen,
- eine Pflanzleine oder einen Stab in Hochbeetbreite, um gerade Reihen zu ziehen,
- eine Pflanzschaufel, um Setzlinge in die Erde zu bringen,
- einen Handgrubber, um die Erde zwischen den Reihen zu lockern und um Dünger einzuarbeiten,
- eine schmale Jätekralle, um auch zwischen den Pflanzen in einer Reihe die Erde zu lockern,
- eine Gartenschere für den Rückschnitt von Pflanzen und für die Kräuterernte,
- Gartenhandschuhe, wenn Sie nicht gern mit den Händen direkt mit der Erde in Kontakt kommen möchten.

AUF HOCHWERTIGE GERÄTE ACHTEN

Bei der Anschaffung von Gartengeräten und -werkzeugen lohnt es sich, qualitativ hochwertige Ware zu kaufen. Über eine Gartenschere, die nach einem Jahr stumpf ist, oder eine Schaufel, die schlecht in der Hand liegt, ärgert man sich nur. Markenprodukte haben eine lange Lebensdauer. Für gute Gartengeräte kann man in der Regel sogar Ersatzteile kaufen. Das schont letztlich den Geldbeutel und auch die Umwelt.

Die Grundausstattung: Pflanzleine, Jätekralle, Handgrubber, Gartenschere und Handschaufel.

Stärkungsmittel werden mit einem Druckspeicher-Handsprühgerät ausgebracht.

Sprühgerät für Pflanzenstärkungsmittel

Wie im Garten sollte man auch im Hochbeet auf Pflanzenschutzmittel verzichten. Schließlich setzen viele Menschen gerade deshalb auf Selbstversorgung, weil sie ungespritztes Gemüse essen wollen. Außerdem kommt man problemlos ohne solche Mittel aus, denn Pflanzen im Hochbeet haben gute Wachstumsbedingungen und sind daher meistens gesund und kräftig. Zudem helfen biologische Pflanzenstärkungsmittel, wie z. B. Ackerschachtelhalmbrühe, die Pflanzen gesund zu erhalten. Um sie auszubringen, reicht ein Druckspeicher-Handsprühgerät mit einem Fassungsvermögen von 1 l aus.

DAS HOCHBEET BEWÄSSERN

In der warmen Jahreszeit ist das Bewässern des Hochbeets die Hauptaufgabe. Deshalb lohnt es sich, genaue Informationen einzuholen und Bedingungen zu schaffen, die diese Arbeit so leicht und effektiv wie möglich machen.

Wässern mit Gießkannen

Die einfachste Möglichkeit ist der Einsatz von Gießkannen. Allerdings sind gefüllte Kannen schwer und je nach Entfernung zum Wasseranschluss kann das Gießen zum Kraftakt werden.
Für die Bewässerung per Hand benötigen Sie mehrere Gießkannen mit einer abnehmbaren Brause. Gießkannen aus Plastik sind leicht und preiswert. Bewährt haben sich 10-l- und 5-l-Kannen. Ihr Nachteil ist jedoch, dass sie nicht besonders haltbar sind, denn durch den Einfluss des Sonnenlichts wird der Kunststoff spröde. Die Kannen bekommen dann sehr leicht Risse und sind nicht mehr dicht. Etwas länger halten sie, wenn sie an einem schattigen Platz abgestellt und aufbewahrt werden. Die Alternative sind Gießkannen aus Metall. Sie sehen edler aus, halten eine Ewigkeit, sind aber teuer und leider schon ohne Wasser sehr schwer, sodass sie für den täglichen Einsatz eher nicht zu gebrauchen sind. Wenn Sie sich für Gießkannen entscheiden, ist es wichtig, dass Sie frische Aussaaten im Hochbeet immer mit einer Brause gießen. Durch sie wird das Wasser fein verteilt, was verhindert, dass die Saat weggespült wird und der Boden verschlämmt. Größere Pflanzen gießt man besser ohne Brause, also zielgerichtet mit einem Wasserstrahl. Gießen Sie nur auf die Erde, sodass die Pflanzen selbst trocken bleiben. So beugen Sie Pilzkrankheiten vor, die sich nur auf feuchten Blättern ausbreiten können. Füllen Sie die Gießkannen nach der Bewässerung stets wieder auf. Abgestandenes Wasser ist für die Pflanzen verträglicher, außerdem wird so verhindert, dass die leichten Plastikkannen vom Wind umgestoßen werden.

Gießen mit einem Schlauch

Sehr viel einfacher und kräfteschonender ist das Gießen, wenn Sie in der Nähe des Hochbeets einen Schlauch anschließen können. Schläuche und Zubehör werden von verschiedenen Firmen angeboten. Bleiben Sie bei einem System, damit auch später angeschafftes Zubehör kompatibel ist. Für Saaten und Jungpflanzen brauchen Sie, passend zum Schlauch, einen Aufsatz mit einem verstellbaren Brausekopf. Für lange Schläuche kaufen Sie am besten einen Schlauchwagen.
Befindet sich in unmittelbarer Nähe des Hochbeets ein Wasserhahn, ist ein sogenannter Spiralschlauch eine gute Alternative. Der Schlauch ist etwa 10 m lang und zieht sich nach Gebrauch von selber platzsparend zusammen.

Brausen mit einstellbarem Wasserstrahl eignen sich sowohl für kräftige Pflanzen als auch für empfindliche Jungpflanzen.

Praktisch: Eine Regentonne am Hochbeet. Nach Gebrauch unbedingt wieder abdecken!

Tropfschläuche sind wassersparend und können auch unterirdisch verlegt werden.

Tropfschläuche

Zur Automatisierung der Bewässerung kann man im Hochbeet auch Tropfschläuche auslegen. Sie liegen in Längsrichtung im Abstand von 30–40 cm im Beet und werden an einen Schlauch angeschlossen. Sie müssen dann nur noch den Wasserhahn auf- und nach einer bestimmten Zeit wieder zudrehen. Der Vorteil von Tropfschläuchen ist, dass sie zielgerichtet den Wurzelbereich der Pflanzen wässern, ohne die Blätter zu befeuchten. Außerdem kann über eine Bewässerungsuhr das Gießen automatisiert werden. Solche Systeme sind leicht zu installieren und werden oft genau passend für fertige Hochbeete oder Hochbeetbausätze angeboten.

REGENTONNEN MACHEN DAS GIESSEN LEICHTER

Ist der Weg bis zur Wasserzapfstelle weit, stellen Sie eine Regenwassertonne nahe am Hochbeet auf. Füllen Sie diese alle paar Tage mit einem Wasserschlauch. Aus der Tonne lassen sich Gießkannen ohne große Umstände füllen, was die tägliche Gießarbeit im Sommer enorm erleichtert. Im Optimalfall schließen Sie die Tonne an das Fallrohr einer Regenrinne an und nutzen das Regenwasser – eine preiswerte Lösung, die zudem die Trinkwasservorräte schont.

Wie oft brauchen die Pflanzen Wasser?

Das Gießen eines Hochbeets erfordert ein wenig Fingerspitzengefühl: Pflanzen brauchen ausreichend, aber nicht zu viel Wasser. Wichtig ist, dass der gesamte Wurzelraum durchfeuchtet wird. Kurz nach der Aussaat und der Pflanzung durchdringen die Wurzeln nur die oberen Zentimeter der Erde. Da diese obere Erdschicht schnell austrocknet, müssen junge Pflanzen relativ häufig gegossen werden. Seien Sie trotzdem ein bisschen geizig mit dem Wasser: Ist die obere Erdschicht immer feucht, bleiben die Wurzeln nur im oberen Bereich. Der Antrieb fehlt, Wasser auch in tieferen Schichten zu suchen. Lassen Sie den Boden daher abtrocknen, bevor Sie erneut gießen. Dann bringen Sie so viel Wasser aus, dass der Boden auch in der Tiefe durchfeuchtet ist. Die Pflanzenwurzeln haben damit den Anreiz, auch in diese Schichten hineinzuwachsen. Gemüse, das mit dieser Bewässerungsstrategie im Hochbeet wächst, ist später in der Lage, Wasser auch aus den tieferen Schichten aufzunehmen, sodass es die heißen Tage im Sommer leichter übersteht.

Kompost ist sehr nährstoffhaltig und kann für die Nachdüngung im Hochbeet genutzt werden.

Mit einer Mulchschicht Wasser sparen

Unter Mulchen versteht man die Abdeckung unbewachsenen Bodens mit organischem Material. Der Boden zwischen den Gemüse- und Kräuterreihen wird dabei mit einer Mulchdecke ausgelegt. Zum Mulchen kann man im Frühling und Sommer Rasenschnitt verwenden, im Herbst bietet sich Falllaub an. Mit einer Mulchschicht trocknet der Boden weniger schnell aus. Starkregen wird sanft abgefangen, die Oberfläche verschlämmt nicht. Unter einer Mulchdecke werden Feuchtigkeit und Temperatur auf einem gleichmäßigen Niveau gehalten. Es herrscht dort ein gesundes Mikroklima, das den Bodenlebewesen, die die organische Beetfüllung umsetzen sollen, optimale Lebensbedingungen beschert. Schließen sich die Reihen im Hochbeet später, wenn die Pflanzen größer sind, ist das Mulchen überflüssig. Der Boden wird von den Pflanzen selber beschattet, sodass von selbst ein gesundes Mikroklima im Beet herrscht.

NÄHRSTOFFVERSORGUNG IM HOCHBEET

Pflanzen brauchen Nährstoffe – neben Kohlendioxid aus Luft und Wasser sind 16 verschiedene Mineralstoffe erforderlich, um die Wachstums- und Stoffwechselvorgänge aufrechtzuerhalten. Entsprechend der Menge an Nährsalzen, die Pflanzen benötigen, unterscheidet man zwischen Hauptnährstoffen und Spurenelementen. Stickstoff (N), Phosphor (P) und Kalium (K) sind die Nährstoffe, von denen die größte Menge benötigt wird. Zu den Hauptnährstoffen zählt auch Magnesium (Mg), das in der Pflanzenernährung ebenfalls von hoher Bedeutung ist. Spurenelemente wie Eisen (Fe), Mangan (Mn), Schwefel (S) und Bor (B) sind unverzichtbar, aber es sind nur geringe Mengen nötig.

Stark-, Mittel- und Schwachzehrer

Die verschiedenen Kräuter und Gemüse brauchen unterschiedlich viele Nährstoffe. Man teilt sie deshalb entsprechend ihres Stickstoffbedarfs in drei Gruppen ein: Starkzehrer, Mittelzehrer und Schwachzehrer. Zu den Starkzehrern zählen z. B. Tomaten, Zucchini und Kürbis, zu den Mittelzehrern gehören Möhren, Radieschen und Spinat und zu den Schwachzehrern rechnet man Erbsen, Bohnen, Feldsalat und viele Kräuter.

Nährstoffvorrat im Hochbeet

Der Nährstoffvorrat in einem Hochbeet hängt entscheidend von der Beetfüllung ab. Haben Sie einen hohen Anteil Kompost verwendet, wie es für die klassische Füllmethode und die Holzscheit-Methode auf den Seiten 36–39 empfohlen wird, ist das Hochbeet im ersten Jahr gut mit Nährstoffen versorgt. Selbst Starkzehrer wie Tomaten, Paprika, Gurken und Kohlpflanzen müssen nicht nachgedüngt werden. Im zweiten Jahr ist der Nährstoffgehalt schon geringer. Für Mittelzehrer reicht er in der Regel noch aus, Starkzehrer müssen aber nachgedüngt werden. Ab dem dritten Standjahr reicht der Vorrat schließlich nur noch für die Schwachzehrer. Es empfiehlt sich, gleich beim Auffüllen des Beets im Frühjahr Kompost oder organischen Dünger in die Pflanzerde zu mischen.

All diese Empfehlungen beruhen auf Erfahrungswerten und sind als Faustregeln zu sehen. Zeigen Starkzehrer im Lauf des Jahres Mangelsymptome wie schwaches Wachstum und stark aufgehellte, chlorotische Blätter, sollte man gezielt nachdüngen.

Womit wird nachgedüngt?

Im Handel stehen verschiedene Dünger zur Verfügung. Man unterscheidet zwischen mineralischen und organischen Düngern, beide werden sowohl in flüssiger als auch in fester Form angeboten.

- Mineraldünger enthalten Nährsalze, die sofort pflanzenverfügbar sind. Man kann sie daher leicht überdosieren und Pflanzen und Umwelt damit Schaden zufügen.
- Umweltfreundlicher sind organische Dünger. Sie bestehen aus natürlichen Rohstoffen, in denen die Nährelemente gebunden sind und zunächst von Bodenorganismen freigesetzt werden müssen. Organische Dünger geben daher langsam und stetig Nährstoffe frei, die von den Pflanzen nach und nach aufgenommen werden.
- Im Frühjahr, wenn es noch kalt ist und die Bodenorganismen nur langsam arbeiten, kann es recht lange dauern, bis die Nährstoffe aus organischen Düngern freigesetzt sind. Schneller wirken organische Flüssigdünger, die zum Teil schon aufgeschlossen sind. Sie werden ins Gießwasser eingerührt und mit der Kanne im Beet ausgebracht.

STICKSTOFFGEHALT IN GRÜNSCHNITTKOMPOST

Kompost enthält alle Nährelemente, die für die Pflanzen wichtig sind. Da seine Zusammensetzung schwankt, kann der Nährstoffgehalt nur abgeschätzt werden. Im Durchschnitt enthält 1 l Grünschnittkompost 5 g Stickstoff. Der Stickstoffgehalt in organischen Handelsdüngern ist auf der Packung angegeben. Er liegt bei etwa 7 %. Die gleiche Menge Stickstoff wie mit 1 l Grünschnittkompost bringen Sie daher mit 70 g (3–4 Esslöffel) eines solchen Düngers aus.

Organischer Flüssigdünger wird ins Gießwasser gerührt. Er ist schneller wirksam als fester Dünger.

BASISWISSEN SAATGUT

Saatgut ist nicht gleich Saatgut: Was Sie über samenfeste Sorten und Hybriden, Saatgutformen und über Licht- und Dunkelkeimer wissen sollten und welche Samen Sie besser kaufen und welche Sie selber ernten können.

Gemüse- und Kräutersamen können sehr unterschiedlich aussehen. Sie variieren in Form, Farbe und Größe. Allen Samen gemeinsam ist, dass sie einen Bauplan mit allen Informationen enthalten, die für die Entwicklung einer Pflanze mit Wurzeln, Trieben, Blättern und Blüten erforderlich sind. Stehen Sie mit Ihrer Einkaufsliste vor dem Saatgutregal eines Gartenmarkts, scheint die Auswahl unendlich zu sein. Es gibt teures und günstiges Saatgut, Biosaatgut und konventionell erzeugtes, F1-Hybriden, samenfeste Sorten, Saatgutpillen und Saatbänder. Und dann noch all die verschiedenen Sorten! Die folgenden Informationen helfen Ihnen, beim Saatgutkauf die richtige Entscheidung zu treffen.

SORTEN

Der wissenschaftliche Name einer Pflanze setzt sich aus zwei Teilen zusammen. Der erste Teil bezeichnet die Gattung, der zweite Teil steht für eine Art innerhalb der Gattung. Ein Beispiel: Die Aubergine und

Eine so große Auswahl an Tomatensorten haben Sie nur, wenn Sie Ihre Pflanzen selber anziehen. Kaufen Sie Jungpflanzen im Gartencenter, können Sie lediglich aus den verschiedenen Gruppen wählen: Normalfrüchtige, Cocktail- oder Fleischtomaten.

die Tomate gehören der gleichen Gattung an *(Solanum)*, es sind aber unterschiedliche Arten: Die Aubergine heißt *Solanum melongena*, die Tomate *Solanum lycopersicum.*

Eine Sorte ist eine Variante einer Pflanzenart. Sie entsteht durch Züchtung oder Auslese und unterscheidet sich durch verschiedene Merkmale von anderen Sorten der gleichen Art. Von Auberginen und Tomaten gibt es also verschiedene Sorten, die sich z. B. in Fruchtgröße, Fruchtfarbe und Reifezeit unterscheiden. Für Gemüse im Hausgarten sind der gute Geschmack, die Eignung für bestimmte Jahreszeiten und die Widerstandsfähigkeit gegenüber Krankheiten und Schädlingen wichtige Sorteneigenschaften. Speziell für das Hochbeet gibt es zudem nach und nach mehr Sorten mit kompaktem Wuchs.

SAMENFEST ODER HYBRIDEN?

Saatgut kann samenfest sein oder als F1-Hybriden angeboten werden. Auf den ersten Blick ist das F1-Saatgut deutlich teurer. Es gibt aber noch weitere Unterschiede zwischen den beiden Saatgutgruppen.

'Coucourzelle' ist eine altbewährte, samenfeste Zucchinisorte mit gestreiften Früchten.

Die Sorte 'Diamant' zählt zu den F1-Hybriden, die Sie nicht selber vermehren können.

Samenfeste Sorten

Samenfest ist eine Sorte, wenn aus ihrem Saatgut Nachkommen wachsen, die die gleichen Eigenschaften wie die Elternpflanzen haben – etwa Geschmack, Farbe und Widerstandsfähigkeit gegenüber Krankheiten. Dieses Saatgut ist nachbaufähig. Sie können es ernten und im nächsten Jahr ohne Qualitätsverlust wieder aussäen. Samenfeste Sorten werden durch Kreuzung und Selektion gezüchtet. Dieses Verfahren ist die älteste Methode, Sorten zu züchten. Historische Gemüsesorten sind nur so entstanden.

F1-Hybriden

Moderne, neuere Sorten entstehen vielfach durch Hybridzüchtung. Dieses Verfahren ist aufwendig und kostet viel Zeit. F1-Hybriden entstehen durch

GENTECHNISCH VERÄNDERTES SAATGUT

Gentechnisch verändertes Saatgut findet man vor allem bei Futterpflanzen, wie Mais, Soja und Raps. In Deutschland gibt es weder für den Vertrieb noch für den Anbau dieses Saatguts eine Zulassung. Man findet es nur auf Versuchsfeldern. Bei der Hybridzüchtung handelt es sich nicht – wie häufig behauptet wird – um ein gentechnisches Verfahren, da kein mikrobiologischer Eingriff ins Erbgut der Pflanzen stattfindet.

die Kreuzung von Eltern, die durch erzwungene Inzucht über mehrere Generationen reinerbig gemacht wurden. Mit der Kreuzung entstehen in der ersten Generation (F1) Nachkommen, die im Vergleich zu den Eltern und auch im Vergleich zu herkömmlich gezüchteten Sorten deutlich vitaler, widerstandsfähiger und ertragreicher sind. Dieser sogenannte »Heterosiseffekt« geht in der nächsten Generation aber wieder verloren. Verwenden Sie Saatgut von F1-Hybriden, wachsen daraus in der nächsten Generation (F2) sehr uneinheitliche Pflanzen. Die besonders guten Eigenschaften gehen verloren. F1-Saatgut muss man also immer wieder neu kaufen.

BIOSAATGUT

Saatgut, das als Biosaatgut verkauft wird, muss nicht zwangsläufig nach den Grundsätzen des ökologischen Anbaus erzeugt worden sein. Es handelt sich lediglich um Sorten, die durch Auslesezüchtung entstanden sind. F1-Hybriden dürfen die Bezeichnung also nicht tragen. Das Saatgut selber darf nicht mit Pestiziden behandelt werden, bei den Mutterpflanzen für die Saatgutgewinnung besteht das Verbot dagegen nicht. Wenn Sie ökologisch erzeugtes Saatgut kaufen möchten, sollten Sie darauf achten, dass die Samentüten das Siegel eines Bioanbauverbands, z. B. Bioland oder Demeter, tragen oder zumindest das EU-Biosiegel, das Sie an dem grünen Lindenblatt erkennen.

Saatscheiben, Saatbänder und pilliertes Saatgut erleichtern die gleichmäßige Aussaat.

SAATGUTFORMEN

Im Handel stehen verschiedene Saatgutformen zur Verfügung. In den meisten Fällen ist das »normale« Saatgut, das man im Garten- oder Baumarkt bekommt, völlig ausreichend. Ergänzend dazu sind sowohl für den Hausgarten als auch für den Erwerbsanbau speziell aufbereitete Saatgutformen entwickelt worden, die die Aussaat erleichtern.

- Bei der gewöhnlichen Standardware haben Sie die größte Auswahl an Arten und Sorten, außerdem ist diese Saatgutform am preisgünstigsten.
- Kalibriertes Saatgut ist nach Größe ausgesiebt und sortiert. Man bekommt es in den Größen S, M und L. Die größten Samen haben die beste Keimkraft. Diese Sortierung spielt allerdings im Hausgarten eine weniger große Rolle als im Erwerbsanbau.
- Pillierte Samen sind mit einer Hüllmasse auf eine einheitliche Größe gebracht. Die kugelige und griffige Form der Saatgutpillen erleichtert die Aussaat, besonders von sehr kleinen Samen. Ökologisch hergestelltes Saatgut ist nur mit einer Tonmasse umhüllt, konventioneller Hüllmasse können auch Pflanzenschutzmittel beigemengt sein. Saatgutpillen finden vorwiegend im Erwerbsanbau Verwendung, sind aber auch für den Hausgarten erhältlich.
- Saatbänder sind ein Produkt für den Hausgarten und auch im Hochbeet sehr praktisch. In Saatbändern liegen die Samen in einem festgelegten Abstand zwischen zwei Spezialpapierstreifen, die sich im feuchten Boden schnell auflösen. Vorteilhaft sind Saatbänder vor allem bei Wurzel- und Knollengemüsen wie z. B. Möhren, die sonst später ausgedünnt werden müssen.
- Saatscheiben sind wie Saatbänder aufgebaut. Die runden Scheiben sind für die Topfaussaat gedacht und enthalten meistens Kräutersaatgut. Häufig als Saatscheibe angeboten werden Kräuter wie Dill, Basilikum und Petersilie.

Samen von Lichtkeimern werden nur ganz dünn mit Erde oder Sand bedeckt.

Samen von Dunkelkeimern werden, je nach Art, 1,5–3 cm tief in die Erde gesteckt.

KEIMUNG

Ist die Saatgutauswahl getroffen, ist es lohnend, sich vor der Aussaat über die Keimbedingungen der Gemüse- und Kräuterpflanzen zu informieren. Der Keimung voran geht das Quellen der Samen. Dafür benötigen alle Samen Wasser. Andere Bedingungen, wie die Temperatur und das zur Keimung benötigte Licht, können sehr unterschiedlich sein.

Samen vorquellen

Die Aufnahme von Wasser ist die Grundvoraussetzung für die Keimung. Bei Erbsen und Bohnen können Sie die Keimung beschleunigen, indem Sie die Samen über Nacht in lauwarmes Wasser legen und am nächsten Tag in Töpfe oder gleich direkt ins Beet aussäen. Schwer keimendes Saatgut von Möhren, Sellerie oder Porree (Lauch) legen Sie einige Stunden in ein Gefäß mit feuchtem Sand und bringen das Saatgut dann zusammen mit dem Sand aus.

Die Keimtemperatur

Die optimale Keimtemperatur für Gemüsesamen ist sehr unterschiedlich. In der Regel werden für die Anzucht höhere Temperaturen benötigt als für das weitere Wachstum der Pflanzen. Als grobe Faustzahl können Sie davon ausgehen, dass bei 20 °C die meisten Samen innerhalb von einer Woche keimen. Salat keimt allerdings besser bei tieferen Temperaturen. Stellen Sie die Saatschalen mit Salat deshalb in einen Raum mit höchstens 15 °C. Auch Spinat, Dicke Bohnen und Postelein mögen es eher kühl. Für Tomaten und Gurken darf es etwas wärmer sein. Sie keimen optimal bei 25 °C. Die Bodentemperatur sollte bei Tomatensaaten auch nachts nicht unter 20 °C fallen.

Licht- und Dunkelkeimer

Alle Samen brauchen Licht für die Keimung. Trotzdem ist es schon vor der Aussaat wichtig zu wissen, ob es sich bei den Samen um Licht- oder um Dunkelkeimer handelt. Lichtkeimer benötigen kurzwellige Lichtstrahlen. Die Keimung der Dunkelkeimer wird von diesem Spektralbereich gehemmt. Sie brauchen das langwellige Licht, das die obere Erdschicht durchdringen kann. Das erklärt, warum Dunkelkeimer nicht beliebig tief in die Erde gesteckt werden dürfen.

Samen von Lichtkeimern sind in der Regel relativ klein. Sie werden nach der Aussaat nur ganz dünn mit Erde oder besser noch mit Sand bedeckt, damit sie nicht so schnell austrocknen. Zu den Lichtkeimern gehören z. B. Basilikum, Dill, Kerbel und Kopfsalat. Für Dunkelkeimer gilt die Regel, dass sie in doppelter Saatkornstärke mit Erde bedeckt werden. Zu den Dunkelkeimern gehören die Samen der meisten Gemüsearten, z. B. die von Feldsalat, Gurke und Mangold.

Lässt man ein paar Pflanzen blühen, kann man Saatgut von samenfestem Feldsalat ernten.

Auch »geschossene« Salatpflanzen bilden Blüten und später Samen aus.

Tomatensamen müssen nach der Ernte zuerst vergoren und getrocknet werden.

Neben Licht- und Dunkelkeimern gibt es auch Pflanzen, deren Samen es egal ist, ob sie bei Licht oder Dunkelheit keimen. Diese Samen sind lichtneutral. Sie wachsen am besten unter einer dünnen Erdschicht, die sie vor Austrocknung schützt.

SAATGUT SELBER ERNTEN

Saatgut selber zu ernten und im nächsten Jahr wieder auszusäen macht viel Spaß. Zur Weitervermehrung eignen sich nur samenfeste Sorten, deren Nachkommen – vorausgesetzt, dass die Mutterpflanze nicht fremdbestäubt wurde – die gleichen Eigenschaften haben wie die Elternpflanzen. F1-Hybriden können nicht weitervermehrt werden (→ Seite 57).

Saatgut nur von Einjährigen

Da der Platz im Hochbeet begrenzt ist und die Ernte im Vordergrund steht, macht es nur Sinn, Samen von Pflanzen zu ernten, die innerhalb einer Saison wachsen, blühen und Samen hervorbringen. Dazu zählen z. B. Erbsen und Bohnen, Paprika und Tomaten (Achtung – oftmals Hybriden), Radieschen, Salate und Spinat. Ernten Sie das Saatgut immer von besonders kräftigen und gesunden Pflanzen. Tomaten- und Paprikasamen ernten Sie von vollreifen Früchten. Von Radieschen, Spinat und den Salaten lassen Sie eine oder mehrere Pflanzen stehen, bis sie blühen und Samen bilden. Lassen Sie die Samen so lange wie möglich an der Pflanze, damit sie gut ausreifen. Geerntet wird bei trockener Witterung.

Saatgut aufbereiten

Breiten Sie frisch geerntete Samen auf Tüchern oder Pappe an einem trockenen und luftigen Ort aus. Heizungsluft ist nicht erforderlich – im Gegenteil: Bei zu schneller Trocknung bekommen die Samen Risse und trocknen aus. Reinigen Sie das Saatgut, indem Sie Blätter und Samenhüllen entfernen. Tomatensamen brauchen eine Spezialbehandlung. Schneiden Sie eine Frucht auf und löffeln Sie die Samen mit der schleimigen Masse, in der die Samen eingebettet sind, in ein Glas. Füllen Sie das Glas etwa halb voll mit Wasser und decken Sie es ab. Jetzt setzt ein Gärprozess ein. Nach einem Tag rühren Sie kräftig um und lassen die Mischung einen weiteren Tag stehen. Durch die Gärung wird die keimhemmende Schleimschicht abgebaut. Spülen Sie die Samen und legen Sie sie zum Trocknen aus. Die Samen sollten nicht länger als nötig im Wasser bleiben. Denn sobald die keimhemmende Schicht abgebaut ist, beginnen sie im Wasser zu quellen und zu keimen.

Saatgut lagern

Das trockene und gereinigte Saatgut wird in kleine Gefäße abgefüllt. Gläschen mit Deckel oder verschließbare Tüten eignen sich gleichermaßen. Beschriften Sie die Behältnisse mit Pflanzenart, Sorte und dem Jahr der Ernte. Lagern Sie Saatgut immer kühl, trocken und dunkel.

Die Keimfähigkeit

Saatgut ist unterschiedlich lange keimfähig. Auch bei optimaler Lagerung werden Reservestoffe langsam abgebaut, sodass die Keimkraft mit der Zeit nachlässt. Je nach Pflanzenart geht das mal mehr, mal weniger schnell. Bei altem Saatgut keimen die Samen langsamer, die Keimlinge sind schwächer und zum Schluss geht die Keimfähigkeit ganz verloren. Daher ist es wichtig, die Tüten mit dem Erntejahr zu beschriften. Auf gekauften Samentüten ist das Jahr der Abfüllung und das Datum, bis zu dem die Keimfähigkeit ausreicht, vermerkt. Samen, die nur kurze Zeit überlagert sind, säen Sie etwas großzügiger aus. Stark überalterte Samen entsorgen Sie.

KEIMFÄHIGKEIT VON SAMEN

Gemüse	keimfähig
Bohne	4 Jahre
Feldsalat	3 Jahre
Petersilie	2 Jahre
Radieschen	3 Jahre
Rucola	4 Jahre
Salat	3 Jahre
Spinat	4 Jahre
Tomate	5–6 Jahre
Zwiebelgewächse	1–2 Jahre

In einem Karteikasten kann man Saatgut übersichtlich in Tüten unter verschiedenen Rubriken aufbewahren.

SO GELINGT DIE JUNGPFLANZEN-ANZUCHT

Pflanzenanzucht macht Spaß und Sie haben eine viel größere Sortenauswahl. Für die Versorgung rund ums Jahr ist die Anzucht im Spätsommer besonders wichtig, da das Angebot im Gartencenter dann recht klein ist.

Natürlich kann man Jungpflanzen auf dem Wochenmarkt oder im Gartencenter kaufen. Aber die eigene Anzucht hat auch ihren Reiz und bietet mancherlei Vorteile. Zudem macht es viel Freude, die Pflänzchen von Anfang an wachsen zu sehen. In Gartenmärkten ist im Frühsommer meistens Schluss mit dem Jungpflanzenangebot. Möchten Sie aber auch im Herbst und Winter ernten, brauchen Sie im Hoch- und Spätsommer die richtigen Jungpflanzen. Diese müssen Sie in der Regel selber vorziehen. Pflanzen selber anzuziehen ist nicht schwer. Mit einer Grundausstattung an Anzuchtgefäßen und -werkzeugen kann es bereits im März losgehen.

DIE RICHTIGEN SORTEN WÄHLEN

Der größte Vorteil der eigenen Anzucht ist die große Sortenauswahl, die Sie beim Saatgut haben. Bei vorgezogenen Jungpflanzen ist die Auswahl eher bescheiden, oftmals ist die Sorte im Gartencenter nicht einmal bekannt. Achten Sie bei der Sortenwahl da-

Früh im Jahr angezogene Pflanzen brauchen eine Zusatzbeleuchtung, auch wenn sie direkt am Fenster stehen. Mit einer Pflanzenlampe können Sie die Tage morgens und abends verlängern. Ist es draußen trüb, ist das Licht auch tagsüber nötig.

rauf, dass sie sich für die Jahreszeit eignet, in der Sie pflanzen wollen. Bei Kohlrabi und Salaten z. B. gibt es Sorten für das Frühjahr, und solche, die für den Sommer geeignet sind. Frühlingssorten würden, wenn man sie im Sommer pflanzt, schnell »schießen« und keine Knolle bzw. keinen Kopf bilden. Bei den Sommergemüsen wie Tomaten, Paprika und Gurken wählt man die Sorte einerseits nach Geschmack, aber auch nach Widerstandsfähigkeit gegenüber Krankheiten aus. Wissenswertes zum Saatgut finden Sie auch auf den Seiten 56–61.

GEFÄSSE UND WERKZEUGE

Für die Jungpflanzenanzucht brauchen Sie kleine Töpfe und Saatschalen. Das müssen nicht unbedingt »richtige« Blumentöpfe oder -schalen sein. Sie können auch Konservendosen, Joghurtbecher oder Käseschachteln verwenden. Wichtig ist, dass alle Anzuchtgefäße Löcher im Boden haben, damit überschüssiges Gießwasser abfließen kann. Nützlich für die Aussaat sind außerdem ein kleines Andruckbrett und ein Erdsieb. Mit einer Ballbrause können Sie ganz gezielt bewässern oder Sie gießen mit einer Gießkanne mit feiner Brause.

ANZUCHTERDE

Für Aussaaten brauchen Sie unbedingt eine feine und nährstoffarme Vermehrungserde. Bei zu hohem Nährstoffgehalt würden die feinen Wurzeln verbrennen. Aussaaterde können Sie kaufen oder selber mischen. Nehmen Sie dazu eine Universalerde und strecken Sie diese mit einem Drittel Sand. Grobe Anteile zerkrümeln Sie dabei.

JUNGPFLANZEN ABHÄRTEN

Das Abhärten gewöhnt die Pflanzen vor dem endgültigen Umzug ins Hochbeet nach und nach an die Temperaturen und die Sonnenstrahlen draußen. Stellen Sie die Jungpflanzen 1–2 Wochen vor der Pflanzung an frostfreien Tagen an ein halbschattiges Plätzchen im Freien. Sollten Nachtfröste drohen, stellen Sie sie wieder zurück ins Haus. Der Aufwand lohnt sich, denn ohne Abhärtung sind die Pflanzen zum einen windanfällig, zum anderen bekommen sie im sonnigen Beet einen Sonnenbrand.

Für die Anzucht brauchen Sie kleine Töpfe und flache Saatschalen.

Auch Töpfe aus Papier oder kleine Konservendosen eignen sich für die Pflanzenanzucht.

An einem geschützten Platz im Freien werden die Jungpflanzen abgehärtet.

SCHRITT FÜR SCHRITT – JUNGPFLANZEN ANZIEHEN

Aussäen ist ganz einfach. Bevor Sie beginnen, benötigen Sie ein paar Informationen über die Pflanzen, die Sie anziehen wollen. Wichtig zu wissen ist, ob es sich um einen Licht- oder Dunkelkeimer handelt, in welchem Bereich die ideale Keimtemperatur liegt und wie lange es dauert, bis die Samen keimen. Überlegen Sie auch, wie viele Pflanzen Sie später benötigen, meistens muss nicht eine ganze Samentüte gesät werden. Verwenden Sie kleine Saatschalen oder unterteilen Sie eine größere.

DAS BRAUCHEN SIE:

- Aussaatschalen mit Abdeckhauben oder kleine Töpfe
- Anzuchterde
- Pflanzschaufel
- Hölzchen oder Pikierstab
- Erdsieb
- Gießkanne mit feiner Brause oder eine Ballbrause
- Andruckbrettchen
- Saatgut
- Stecketiketten

Für kleine Samen, z. B. von Salaten, Kohlgewächsen, Tomaten und Paprika, füllen Sie Schalen mit Aussaaterde. Größere Samen von Kürbis, Zucchini oder Mangold sät man einzeln in Töpfe.

Drücken Sie die Erde an den Rändern der Schale mit der Handkante leicht an und glätten Sie die Oberfläche vorsichtig mit einem Andruckbrettchen. Auch die Erde in den Töpfen leicht andrücken.

Pflanzen mit großen Samen, wie hier die von Zucchini, zählen meist zu den Dunkelkeimern. Legen Sie diese auf die gefüllten Töpfe. Dann bohren Sie mit einem Hölzchen oder einem Pikierstab ein Loch daneben in die Erde, versenken das Samenkorn etwa 2 cm tief und schließen das Loch wieder.

Kleine Samen verteilen Sie gleichmäßig auf der Erdoberfläche in der Saatschale. Da geht ganz leicht, wenn Sie mit dem Zeigefinger vorsichtig an die Tüte tippen. Ganz winzige Samen mischen Sie vorher mit hellem Vogelsand. Liegen die Samen gut verteilt in der Schale, sieben Sie Erde darüber. Bei Lichtkeimern nur eine dünne Schicht, bei Dunkelkeimern etwa zwei Samenkornstärken dick.

Zum Schluss werden die Saatschalen und Töpfe mit der Ballbrause oder einer Gießkanne angegossen. Vor allem bei Lichtkeimern, die kaum abgedeckt sind, setzen Sie eine Abdeckhaube auf die Saatschale, damit die Samen nicht austrocknen.

SCHRITT FÜR SCHRITT – SÄMLINGE VEREINZELN UND PIKIEREN

Kurz nachdem die ersten grünen Spitzen zu erkennen sind, entfalten sich die Keimblätter. Sie sind einfach gebaut und sehen anders aus als die typischen Blätter der Pflanzen. Ihre Aufgabe ist es, möglichst schnell Fotosynthese zu betreiben und Kohlenhydrate herzustellen, die für das Wachstum nötig sind. Bilden sich die ersten richtigen Blätter, stehen die Sämlinge dicht in der Schale und müssen vereinzelt werden. Bei in Töpfen einzeln ausgesäten großen Samen spart man sich diesen Schritt.

DAS BRAUCHEN SIE:

- kleine Töpfe, alternativ eine Multitopfplatte
- Universalerde
- Pikierstab
- evtl. kleine Gabel (Kuchengabel)
- Ballbrause
- Stecketiketten

Füllen Sie kleine Töpfe oder eine Multitopfplatte mit Erde. Für Starkzehrer wie Tomaten, Paprika oder Selleriepflanzen (→ Bild) kann es eine aufgedüngte Gemüseerde sein. Für andere Pflanzen mischen Sie Anzucht- und Gemüseerde im Verhältnis 1:1.

Lockern Sie die Erde, in der die Sämlinge stehen. Das geht gut mit einem Pikierstab oder – besser noch – mit einer Kuchengabel.

Dann ziehen Sie die Pflänzchen vorsichtig auseinander. Dafür sollte die Aussaaterde im alten Gefäß gut feucht sein. Kürzen Sie lange Wurzeln etwas ein, um das Wurzelwachstum anzuregen.

Mit einem Pikierstab bohren Sie in die Mitte des Topfs ein tiefes Loch. Setzen Sie je einen Sämling in einen kleinen Topf. Während Tomaten sehr tief eingesetzt werden, achten Sie beim Sellerie darauf, ihn eher hoch einzusetzen, damit der Wachstumspunkt, aus dem die Blätter entspringen, nicht von der Erde bedeckt wird. Drücken Sie die Erde rund um das Pflänzchen leicht an.

Zum Schluss werden die pikierten Pflänzchen vorsichtig angegossen. Pikieren Sie bei sonnigem Wetter und warten Sie mit dem Gießen nicht zu lange, denn die zarten Pflänzchen sind sehr empfindlich. Pikierte Pflanzen bleiben in den kleinen Töpfen, bis sie gut durchwurzelt sind.

DAS HOCHBEET BESTELLEN

Im Frühjahr ist ein Hochbeet meistens komplett abgeerntet. Ein guter Zeitpunkt, die Erde aufzufüllen und nach Plan neu zu säen und zu pflanzen. Später im Jahr werden nur einzelne, abgeerntete Reihen neu bestellt.

Ein Hochbeet hat eine klar abgegrenzte Fläche, deren Bepflanzung gut zu planen ist. Sobald das Beet bis zum Rand mit Erde gefüllt ist, kann man pflanzen und säen. Gehen Sie dabei Reihe für Reihe vor. Bei größeren Beeten behalten Sie den Überblick, wenn Sie von der Beetmitte ausgehen und sich von dort nach rechts und nach links vorarbeiten.

DEN BODEN VORBEREITEN

Im Vor- oder im Erstfrühling, wenn die letzten Winterkulturen abgeerntet sind, liegt das Hochbeet kurze Zeit brach. Jetzt haben Sie die Chance, den Boden gut auf- und vorzubereiten. Räumen Sie zunächst alle Pflanzenreste vom Beet ab und lockern Sie die Oberfläche mit einem Handgrubber. Fühlt sich die Erde trocken an, wässern Sie mit einem Schlauch oder einer Gießkanne. Je nach Füllung, die Sie im Beet aufgeschichtet haben, ist die Erde mehr oder weniger stark abgesackt (→ ab Seite 36). Füllen Sie das Beet wieder bis zum Rand mit einer torffreien

Vor der Neubepflanzung im Frühjahr wird die Erde im Hochbeet wieder bis zum Rand aufgefüllt. Arbeiten Sie die frische Erde und – wenn Sie haben – auch etwas Kompost mit einer Handschaufel in die alte Erde ein und harken Sie die Oberfläche glatt.

Gemüse- oder Universalerde auf. Nachdem die Oberfläche glatt geharkt ist, haben Sie ein optimal vorbereitetes Pflanz- und Saatbett.

SÄEN UND PFLANZEN NACH PLAN

Erstellen Sie zunächst einen Pflanzplan oder wählen Sie einen aus den Vorschlägen ab Seite 102 aus. Stellen Sie alle Jungpflanzen und das Saatgut für Ihr Beet zusammen. Außerdem brauchen Sie eine Pflanzschaufel, eine Pflanzleine oder einen langen Stab, einen Zollstock, Stecketiketten und eine Gießkanne. Messen Sie die Stelle für die erste Reihe, die Sie bepflanzen oder aussäen wollen, aus. Geeignet ist dafür z. B. die Reihe in der Beetmitte. Spannen Sie an der ausgemessenen Stelle eine Leine oder legen Sie den Stab auf das Beet.

Gemüse oder Kräuter säen

Für Aussaaten ziehen Sie entlang der Pflanzleine eine Rille in die Erde. Auf den Saatguttüten ist vermerkt, wie tief die Samen ausgebracht werden müssen. Streuen Sie die Samen gleichmäßig in die Rille. Bei sehr feinem Saatgut mischen Sie die Samen zuvor mit etwas hellem Sand, damit Sie besser erkennen können, wo schon Samen liegen. Schieben Sie die Rille mit den Händen wieder zu und markieren Sie die Reihe mit einem Stecketikett.

WELCHE PFLANZEN SÄT MAN DIREKT AUS?

Als Faustregel kann man sich merken, dass alle Gemüsearten, von denen die unter der Erde wachsenden Wurzeln oder Knollen verspeist werden, direkt ins Beet gesät werden. Zu diesen Pflanzenarten zählen z. B. Möhren, Pastinaken, Rettiche und Radieschen. Auch alle schnell wachsenden Gemüsearten werden meistens direkt gesät, z. B. Rucola, Spinat, Asia-Salate und Schnittsalat.

Für Säkulturen ziehen Sie entlang einer Pflanzleine eine Rille für die Samen.

Auch beim Setzen von Jungpflanzen ist es hilfreich, sich an einer Leine zu orientieren.

Gemüse oder Kräuter pflanzen

Auch für Jungpflanzen markieren Sie die Reihe mit einer Pflanzleine. Legen Sie die Pflänzchen in gleichmäßigen Abständen entlang der Leine aus. Mit einer Pflanzschaufel heben Sie ein Loch aus und setzen die Pflanze etwa bis zu den Keimblättern hinein. Schieben Sie mit den Händen wieder Erde in das Loch und drücken Sie die Pflanze vorsichtig an.

Angießen

Zum Schluss gießen Sie an: die ausgesäten Reihen mit einer Brause, die Jungpflanzen mit einem feinen Strahl ohne Brause, direkt an den Pflanzballen.

PFLANZEN FÜR DAS HOCHBEET

Die Auswahl an Pflanzen für ein Hochbeet ist riesig. Da der Platz begrenzt ist, eignen sich kompakte Sorten am besten. Pflanzen Sie eine gesunde Vielfalt an Arten – entsprechend den Regeln der Fruchtfolge und Mischkultur.

WELCHE PFLANZEN EIGNEN SICH?

Keine Frage: Ihre Lieblingsgemüse haben Vorrang. Ob Sie ins Hochbeet passen, hängt von verschiedenen Faktoren ab. Empfehlenswert sind oft für Kübel und Töpfe gezüchtete Sorten, weil sie nicht zu groß werden.

Prinzipiell ist es den Pflanzen egal, ob sie in einem Gartenbeet auf dem Boden oder in einem Hochbeet wachsen. Das wichtigste Auswahlkriterium sind deshalb erst einmal Ihre persönlichen Vorlieben. Welche Gemüsearten essen Sie und Ihre Familie gern? Was darf auf keinen Fall im Hochbeet fehlen? Erstellen Sie eine Liste und prüfen Sie, elche Arten für ein Hochbeet geeignet sind und welche nicht. Wichtige Kriterien bei der Pflanzenauswahl sind die Größe der Pflanze, ihre Kulturdauer und ihr Wuchsverhalten.

DIE GRÖSSE DER PFLANZEN

Für den begrenzten Platz im Hochbeet eignen sich Arten, die wenig Fläche beanspruchen, z. B. verschiedene Salate, Radieschen, Möhren und Zwiebeln. Besonders im Frühling, wenn der Appetit auf frisches Grün besonders groß ist, ist es genial, wenn das Hochbeet viel Abwechslung für die Salatschüssel liefert. Von einigen Gemüsearten gibt es Mini-

Die Balkontomate 'Bogus fruchta' wird maximal 80 cm hoch und eignet sich daher gut für ein Hochbeet. Sie gehört zu den Buschtomaten, deren Wachstum begrenzt ist. Stabtomaten wachsen im Vergleich dazu weiter, bis sie gekappt werden.

Ausladende Pflanzen setzen Sie an den Rand, über den sie auch hinauswachsen können.

Typen, wie z. B. Mini-Auberginen und Snackpaprika. Neben ihrem geringeren Platzbedarf haben diese Sorten auch den Vorteil, dass sie schneller reifen als ihre großen Verwandten. Später im Jahr wird die Auswahl an geeigneten Gemüsearten kleiner, sodass Sie für die Winterbepflanzung auch Arten einplanen können, die mehr Platz beanspruchen, wie z. B. verschiedene Kohlarten.
Beachten Sie bei der Pflanzenauswahl auch die Höhe der Pflanzen. Auf einem 80 cm hohen Beet ist die Ernte nicht praktikabel, wenn die Pflanzen höher als 120 cm werden. Wählen Sie daher bei Tomaten Sorten aus der Gruppe der Balkontomaten. Sie werden nur 30–80 cm hoch.

DIE KULTURDAUER

Pflanzen wachsen unterschiedlich schnell. Einige Kulturen sind nach 6–8 Wochen erntereif, andere brauchen 6–8 Monate. Sellerie, Kohl und auch Möhren sind sehr schmackhaft und gesund, es dauert aber lange, bis sie geerntet werden können. Achten Sie darauf, dass Sie nicht nur die langsamen Vertreter im Hochbeet anbauen. Planen Sie auf jeden Fall Platz für die schnellen Salate und Blattgemüse ein. Ihre Aussaat oder Pflanzung garantiert ein schnelles Erfolgserlebnis und viel Abwechslung bei der Ernte. Perfekt sind auch Gemüse mit einem langen Erntefenster. Tomaten z. B. liefern den ganzen Sommer Früchte, Walderdbeeren können Sie bis in den Herbst naschen oder für das Müsli ernten.

DAS WUCHSVERHALTEN

Hat man viel Platz im Garten, ist man vielleicht froh, wenn sich die ein oder andere Pflanze schnell ausbreitet und viel Raum einnimmt. Im Hochbeet ist das anders. Die Fläche ist knapp, jeder Quadratzentimeter ist kostbar. Pflanzen, die wuchern, sind hier unerwünscht. Gerade in einem Hochbeet, in dem optimale Wachstumsbedingungen herrschen, breiten sich solche »einnehmenden Wesen« besonders rasch aus. Typische Vertreter sind Minzen und Topinambur. Sie verbreiten sich unterirdisch, über Wurzelausläufer bzw. über ihre Knollen. Möchten Sie nicht auf diese Pflanzen verzichten, pflanzen Sie sie in einen großen Topf, den Sie im Beet einsenken.

BREITE UND RANKENDE PFLANZEN INTEGRIEREN

Zucchini, Kürbis und Gurke sind beliebte Gemüsearten, die zudem leicht anzubauen sind. Einziger Nachteil: Sie nehmen viel Platz ein. Möchten Sie diese Gemüsearten trotzdem pflanzen, gibt es Möglichkeiten, Platz zu sparen:

- Zuchinipflanzen setzen Sie direkt in eine Ecke. So können sie auch über den Rand hinauswachsen.
- Gurken bilden lange Ranken. Spannen Sie ein Rankgitter bogenförmig über das Beet und leiten Sie die Ranken darüber.
- Für die langen Ranken einer Kürbispflanze bauen Sie eine Rankhilfe für Fallrohre außen an eine Hochbeetwand. Solche Rankhilfen gibt es in verschiedenen Modellen im Fachhandel. Das Gitter hält nicht nur die Ranken, sondern auch die Früchte gut.

KRÄUTER

Dufte Typen, mit allen Sinnen zu genießen

Basilikum

Ocimum basilicum
Lippenblütler

Anbau: fertige Pflanze kaufen oder Jungpflanzen anziehen
Standdauer: 3 Monate
Info: Lichtkeimer, wärmebedürftig; rotblättrige Sorten sind empfindlicher als grüne

Bergbohnenkraut

Satureja montana
Lippenblütler

Anbau: fertige Pflanze kaufen, Vermehrung durch Stecklinge
Standdauer: mehrjährig
Info: junge Blätter und Triebspitzen ernten, kurz vor der Blüte am aromatischsten

Borretsch

Borago officinalis
Raublattgewächse

Anbau: Direktaussaat ins Beet oder Jungpflanzen anziehen
Standdauer: 3–5 Monate
Info: passt zu Gurken; Blüten locken zahlreiche Insekten an, die die auch Gurken befruchten

Dill

Anethum graveolens
Doldenblütler

Anbau: Direktaussaat ins Beet
Standdauer: 4–5 Monate
Info: Stängel, Blätter und Blüten verwenden; mehrere Sätze aussäen, um viel Blattmasse zu ernten; Bienenweide

(Gewürz-)Fenchel

Foeniculum vulgare
Doldenblütler

Anbau: fertige Pflanze kaufen oder Jungpflanzen anziehen
Standdauer: mehrjährig
Info: blüht ab dem 2. Standjahr, Blüten werden bis 2 m hoch; Laub und Samen verwendbar

Gartenkresse

Lepidium sativum
Kreuzblütler

Anbau: Direktaussaat ins Beet
Standdauer: 2–4 Wochen
Info: sehr schnellwüchsiges Würzkraut; ernten, wenn die ersten echten Blätter erscheinen; mehrere Sätze aussäen

Kapuzinerkresse
Tropaeolum minus, T. majus
Kapuzinerkressegewächse

Anbau: Direktaussaat ins Beet oder Jungpflanzen anziehen
Standdauer: 5 Monate
Info: Rankpflanze mit essbaren Blüten und Blättern, *T. minus* hat kürze Ranken

Kerbel
Anthriscus cerefolium
Doldenblütler

Anbau: Direktaussaat ins Beet
Standdauer: 8–10 Wochen
Info: Lichtkeimer, kann im Frühjahr und im Herbst angebaut werden; anisartiges Aroma, gut für Kräuterquark

(Blatt-)Koriander
Coriandrum sativum
Doldenblütler

Anbau: Direktaussaat ins Beet
Standdauer: 6–8 Wochen
Info: Lichtkeimer; wird oft in der asiatischen Küche verwendet, herb-süßes Aroma, Ernte bis zum Blühbeginn

Lakritztagetes
Tagetes filifolia
Korbblütler

Anbau: Jungpflanzen anziehen, fertige Pflanzen selten erhältlich
Standdauer: 5 Monate
Info: Blätter mit intensivem Lakritzaroma, Blüten unscheinbar, Saatgut sehr teuer, selber ernten

Liebstöckel
Levisticum officinale
Doldenblütler

Anbau: fertige Pflanze kaufen
Standdauer: mehrjährig
Info: blüht ab dem 2. Standjahr, Blüten werden bis 2 m hoch, Pflanze besser im Kübel oder Gartenbeet kultivieren

Majoran
Origanum majorana
Lippenblütler

Anbau: Direktaussaat ins Beet oder Jungpflanzen anziehen
Standdauer: 5–6 Monate
Info: Lichtkeimer, mehrjährig, in unseren Breiten jedoch nicht winterhart

KRÄUTER

Dufte Typen, mit allen Sinnen zu genießen

Oregano

Origanum vulgare
Lippenblütler

Anbau: fertige Pflanze kaufen, oder Jungpflanzen anziehen
Standdauer: mehrjährig
Info: Pizzagewürz, die griechische Variante ist besonders aromatisch, Blätter und Blüten verwenden

Petersilie

Petrosilenum crispum
Doldenblütler

Anbau: fertige Pflanze kaufen oder Jungpflanzen anziehen
Standdauer: von April bis Blühbeginn im nächsten Frühjahr
Info: lange Keimzeit; glattblättrige Sorten aromatischer als krause

Pfefferminze

Mentha × piperita
Lippenblütler

Anbau: fertige Pflanze kaufen, Vermehrung durch Stecklinge
Standdauer: mehrjährig
Info: breitet sich stark aus, nur mit Wurzelsperre, z. B. im Topf, ins Hochbeet setzen

Pimpinelle

Pimpinella saxifraga
Rosengewächse

Anbau: fertige Pflanze kaufen, oder Jungpflanze anziehen
Standdauer: mehrjährig
Info: junge Blätter ernten, für Salate, Kräuterquark und Frankfurter Grüne Soße

Rosmarin

Rosmarinus officinalis
Lippenblütler

Anbau: fertige Pflanze kaufen, Vermehrung durch Stecklinge
Standdauer: mehrjährig
Info: nur bedingt winterhart, robuste Sorte wählen, ältere Pflanzen blühen im Frühjahr

Salbei

Salvia officinalis
Lippenblütler

Anbau: fertige Pflanze kaufen Vermehrung durch Stecklinge
Standdauer: mehrjährig
Info: unverzichtbar in der italienischen Küche, Salbeitee hilft bei Erkältungskrankheiten

Schnittknoblauch
Allium tuberosum
Amaryllisgewächse

Anbau: Jungpflanzen anziehen, fertige Pflanzen selten erhältlich
Standdauer: mehrjährig
Info: Ernte wie beim Schnittlauch, wächst nach, attraktive weiße Blüten

Schnittlauch
Allium schoenoprasum
Amaryllisgewächse

Anbau: fertige Pflanze kaufen oder Jungpflanzen anziehen
Standdauer: mehrjährig
Info: treibt drei- bis viermal im Jahr nach, blüht ab dem 2. Jahr, die Blüten sind essbar

Thymian
Thymus vulgaris
Lippenblütler

Anbau: fertige Pflanze kaufen, Vermehrung durch Stecklinge
Standdauer: mehrjährig
Info: auch mit Fruchtnote (Zitrone) erhältlich, nach der Blüte zurückschneiden

Wilde Rauke
Diplotaxis tenuifolia
Kreuzblütler

Anbau: fertige Pflanze kaufen oder Jungpflanzen anziehen
Standdauer: mehrjährig
Info: würzig-scharf schmeckende Blätter, Blüten herausschneiden, damit sich mehr Blätter bilden

Zitronenmelisse
Melissa officinalis
Lippenblütler

Anbau: fertige Pflanze kaufen, Vermehrung durch Aussaat
Standdauer: mehrjährig
Info: junge Blätter und Triebe ernten, bei Blühbeginn kräftig zurückschneiden, wächst nach

Zitronenverbene
Aloysia citrodora
Eisenkrautgewächse

Anbau: fertige Pflanze kaufen, Vermehrung durch Stecklinge
Standdauer: mehrjährig, aber nicht winterhart
Info: sehr aromatisch, gut für die Teezubereitung

KOHLGEMÜSE

Feines und herzhaftes Gemüse, nicht nur für den Winter

Blumenkohl

Brassica oleracea var. *botrytis*
Kreuzblütler

Anbau: vorgezogene Jungpflanzen mit 50 cm Abstand pflanzen
Standdauer: 4–5 Monate
Info: verträgt keine Wachstumsstockungen, regelmäßig gießen, bei praller Sonne abdecken

Brokkoli (Calabrese)

Brassica oleracea var. *italica*
Kreuzblütler

Anbau: vorgezogene Jungpflanzen mit 50 cm Abstand pflanzen
Standdauer: 3–6 Monate
Info: bringt einen großen Kopf und mehrere kleine, tiefer sitzende Röschen hervor

Brokkoli (Sprossen-)

Brassica oleracea var. *italica*
Kreuzblütler

Anbau: vorgezogene Jungpflanzen, 50 cm Pflanzabstand
Standdauer: 3–4 Monate
Info: bildet nur kleinere Röschen, die nachwachsen, kann in milden Wintern auf dem Beet bleiben

Chinakohl

Brassica rapa subsp. *pekinensis*
Kreuzblütler

Anbau: vorgezogene Jungpflanzen, 40 cm Pflanzabstand
Standdauer: 2–3 Monate
Info: schnellwüchsige Kohlart; leichter verdaulicher als andere, Verzehr roh und gegart

Grünkohl

Brassica oleracea var. *sabellica*
Kreuzblütler

Anbau: vorgezogene Jungpflanzen, 50 cm Pflanzabstand
Standdauer: 4–6 Monate
Info: auch rotblättrige Sorten erhältlich; schmeckt am besten nach dem ersten Frost

Kohlrabi

Brassica oleracea var. *gongylodes*
Kreuzblütler

Anbau: vorgezogene Jungpflanzen, 30 cm Pflanzabstand
Standdauer: 10–12 Wochen
Info: für die Jahreszeiten geeignete Sorten wählen, Herbstkohlrabi wird sehr groß, lagerfähig

Pak Choi, Senfkohl

Brassica rapa subsp. *chinensis*
Kreuzblütler

Anbau: vorgezogene Jungpflanzen, 30 cm Pflanzabstand
Standdauer: 8–10 Wochen
Info: kann roh oder gegart verzehrt werden, schmeckt leicht bitter und etwas erdig

Palmkohl

Brassica oleracea var. *palmifolia*
Kreuzblütler

Anbau: vorgezogene Jungpflanzen, 50 cm Pflanzabstand
Standdauer: 4–5 Monate
Info: feinerer Geschmack als Grünkohl, schmeckt mit Olivenöl und Knoblauch auch zu Pasta

Rotkohl

Brassica oleracea convar. *capitata* var. *rubra*
Kreuzblütler

Anbau: vorgezogene Jungpflanzen, 50 cm Pflanzabstand
Standdauer: 5–6 Monate
Info: späte Sorten im Sommer pflanzen, im Spätherbst ernten

Spitzkohl

Brassica oleracea convar. *capitata* fo. *alba* subfo. *conica*
Kreuzblütler

Anbau: vorgezogene Jungpflanzen, 50 cm Pflanzabstand
Standdauer: 3–4 Monate
Info: besondere Art des Weißkohls mit spitz zulaufendem Kopf

Weißkohl

Brassica oleracea convar. *capitata* var. *alba*
Kreuzblütler

Anbau: vorgezogene Jungpflanzen, 50 cm Pflanzabstand
Standdauer: 5–6 Monate
Info: späte Sorten sind lagerfähig, frühe für den sofortigen Verzehr

Wirsing

Brassica oleracea convar. *capitata* var. *sabauda*
Kreuzblütler

Anbau: vorgezogene Jungpflanzen, 50 cm Pflanzabstand
Standdauer: 5–6 Monate
Info: für die Winterernte späte Sorten im Sommer, lagerfähig

BLATTGEMÜSE UND SALATE

Bunt, frisch, knackig – Blätter und Stängel für die gesunde Küche

Asia-Salat

Brassica juncea subsp.
Kreuzblütler

Anbau: Direktaussaat im Beet
Standdauer: 6–8 Wochen bis zur ersten Ernte
Info: würzige, senfölhaltige Blätter, können im Winter stehen bleiben, wachsen im Frühjahr weiter

Bataviasalat

Lactuca sativa var. *crispa*
Korbblütler

Anbau: vorgezogene Jungpflanzen, 20 Pflanzabstand
Standdauer: 8–10 Wochen
Info: Kreuzung aus Kopf- und Eisbergsalat, hitzeverträglich, Anbau im Sommer möglich

Eichblattsalat

Lactuca sativa var. *crispa*
Korbblütler

Anbau: vorgezogene Jungpflanzen, 20 cm Pflanzabstand
Standdauer: 6–8 Wochen bis zur 1. Ernte
Info: einzelne Blätter pflücken oder als lockeren Kopf ernten

Endivie

Cichorium endivia
Korbblütler

Anbau: vorgezogene Jungpflanzen, 40 cm Pflanzabstand
Standdauer: 10–12 Wochen
Info: Salat mit Bitterstoffen, wird im Sommer gepflanzt, bleibt bis zum Frost stehen

Erbsensprosse

Pisum sativum
Schmetterlingsblütler

Anbau: Direktaussaat oder vorgezogene Jungpflanzen
Standdauer: 8–10 Wochen
Info: statt der Früchte werden die Triebspitzen verzehrt, für Herbstaussaat Palerbsen verwenden

Feldsalat

Valerianella locusta
Baldriangewächse

Anbau: Direktaussaat oder vorgezogene Jungpflanzen
Standdauer: 6–8 Wochen bis zur Ernte oder über Winter
Info: absolut frostfest, wächst im Frühling weiter

(Roter) Feldsalat

Lactuca sativa var. *longifolia*
Korbblütler

Anbau: Direktaussaat
Standdauer: 6–8 Wochen bis zur 1. Ernte
Info: ist kein echter Feldsalat, gehört zu den Romanasalaten, wird sehr jung geerntet

Gartenmelde

Atriplex hortensis
Gänsefußgewächse

Anbau: Direktaussaat
Standdauer: 8–10 Wochen
Info: Rote Melde ist besonders attraktiv, wie Spinat ernten, enthält weniger Oxalsäure als dieser, daher mögen Kinder ihn lieber

Hirschhornwegerich

Plantago coronopus
Wegerichgewächse

Anbau: Direktaussaat oder vorgezogene Jungpflanzen
Standdauer: 8–10 Wochen bis zur 1. Ernte, Dauerkultur
Info: aromatisch-salziger Geschmack, für gemischten Salat

Kopfsalat

Lactuca sativa var. *capitata*
Korbblütler

Anbau: vorgezogene Jungpflanzen, 20 cm Pflanzabstand
Standdauer: 8–10 Wochen
Info: hitzeunverträglich, Anbaupause im Sommer, halb fertige Salate sind winterfest

(Blatt-)Mangold

Beta vulgaris var. *vulgaris*
Gänsefußgewächse

Anbau: Direktaussaat
Standdauer: 8–10 Wochen bis zur 1. Ernte
Info: hat mehr Blattmasse als Stiel-Mangold, wird wie Spinat verwendet, blüht später als dieser

(Stiel-)Mangold

Beta vulgaris var. *flavescens*
Gänsefußgewächse

Anbau: vorgezogene Jungpflanzen, 40 cm Pflanzabstand
Standdauer: April bis Blühbeginn im nächsten Frühjahr
Info: dekorative, buntstielige Sorten, Wachstumspause im Winter

BLATTGEMÜSE UND SALATE

Bunt, frisch, knackig – Blätter und Stängel für die gesunde Küche

Multileaf-Salat

Lactuca sativa var. *crispa*
Korbblütler

Anbau: vorgezogene Jungpflanzen, 20 cm Pflanzabstand
Standdauer: 8–10 Wochen
Info: wird oft als Saatgutpille angeboten, gleich große Blätter, dichte Rosette, leicht zu putzen

Pflücksalat

Lactuca sativa var. *crispa*
Korbblütler

Anbau: vorgezogene Jungpflanzen, 20 cm Pflanzabstand
Standdauer: 6–8 Wochen bis zur 1. Ernte
Info: einzelne Blätter pflücken oder als lockeren Kopf ernten

(Sommer-)Portulak

Portulaca oleracea
Portulakgewächse

Anbau: Direktaussaat
Standdauer: 6–8 Wochen bis zur 1. Ernte
Info: dickfleischige Blätter, nussig, nicht mit Postelein (auch Winterportulak genannt) verwechseln

Postelein

Claytonia perfoliata
Quellkrautgewächse

Anbau: Direktaussaat
Standdauer: 6–8 Wochen bis zur 1. Ernte oder über Winter
Info: keimt nur bei tiefen Temperaturen unter 12 °C, absolut frostfest

Puntarella

Cichorium intybus
Korbblütler

Anbau: vorgezogene Jungpflanzen, 30 cm Pflanzabstand
Standdauer: 10–12 Wochen
Info: italienische Spezialität, bittere Blätter für Salat, noch geschlossene Blütensprossen dünsten

Radicchio

Cichorium intybus var. *foliosum*
Korbblütler

Anbau: vorgezogene Jungpflanzen, 20 cm Pflanzabstand
Standdauer: 10–12 Wochen
Info: leicht bitterer Salat, runde und längliche Sorten, meist rötliche Blätter

Romanasalat

Lactuca sativa var. *longifolia*
Korbblütler

Anbau: vorgezogene Jungpflanzen, 20 cm Pflanzabstand
Standdauer: 8–10 Wochen
Info: länglich ovale Köpfe, relativ schossfest, für den Sommeranbau geeignet

Rucola

Eruca sativa
Kreuzblütler

Anbau: Direktaussaat
Standdauer: 6–8 Wochen bis zur 1. Ernte
Info: schnellwüchsiger Salat, wächst mehrmals nach, im Sommer oft von Erdflöhen befallen

Schnittsalat

Lactuca sativa var. *crispa*
Korbblütler

Anbau: Direktaussaat
Standdauer: 6–8 Wochen bis zur 1. Ernte
Info: wächst mehrfach nach, gut im Frühjahr und Herbst, keimt im Sommer nur schlecht

Spinat

Spinacia oleracea
Gänsefußgewächse

Anbau: Direktaussaat
Standdauer: 6–8 Wochen
Info: einzelne Blätter von jungem Spinat schmecken im Salat, dekorativ sind rotstielige Sorten, bei Blühbeginn komplett ernten

Stangensellerie

Apium graveolens var. *dulce*
Doldenblütler

Anbau: vorgezogene Jungpflanzen, 30 cm Pflanzabstand
Standdauer: 4–5 Monate
Info: anspruchsvolle Kultur, muss regelmäßig und ausreichend mit Wasser versorgt werden

Zuckerhut

Cichorium intybus var. *foliosum*
Korbblütler

Anbau: vorgezogene Jungpflanzen, 30 cm Pflanzabstand
Standdauer: 10–12 Wochen
Info: leicht bitterer Wintersalat, im Spätsommer pflanzen, zuckerhutförmiger Kopf

ZWIEBEL-, WURZEL- UND KNOLLENGEMÜSE

Ob roh oder gekocht – aromatisch, erdig oder scharf

Knoblauch

Allium sativum
Zwiebelgewächse

Anbau: als Steckzwiebeln setzen, Direktaussaat möglich
Standdauer: 4 Monate
Info: als Steckzwiebeln können Zehen aus Bioknoblauchknolle verwendet werden

Pastinaken

Pastinaca sativa
Doldenblütler

Anbau: Direktaussaat
Standdauer: 7–8 Monate
Info: können über Winter im Beet bleiben und an frostfreien Tagen geerntet werden, inulinhaltig, fördert gesunde Darmflora

Knollenfenchel

Foeniculum vulgare
Doldenblütler

Anbau: vorgezogene Jungpflanzen, 30 cm Pflanzabstand
Standdauer: 3–4 Monate
Info: sehr wärmebedürftig, schossfeste Sorten wählen, bilden sicherer eine Knolle

Porree (Lauch)

Allium porrum
Zwiebelgewächse

Anbau: vorgezogene Jungpflanzen, 15 cm Pflanzabstand
Standdauer: 3–6 Monate
Info: im Beet anhäufeln, damit lange, weiße Schäfte entstehen, blaublättrige Sorten winterfest

Möhren, Karotten

Daucus carota subsp. *sativus*
Doldenblütler

Anbau: Direktaussaat
Standdauer: 3–4 Monate
Info: Frühmöhren haben kurze Kulturzeit und bleiben von der Möhrenfliege verschont, späte Sorten sind lagerfähig

Radieschen

Rhaphanus sativus var. *sativus*
Kreuzblütler

Anbau: Direktaussaat
Standdauer: 6–8 Wochen
Info: im Sommer spezielle Sorten anbauen, Frühlings- und Herbstsorten bilden an langen Tagen im Sommer keine Knolle

Ringelbete
Beta vulgaris subsp. *vulgaris*
Gänsefußgewächse

Anbau: Jungpflanzen, 20 cm Abstand, Direktaussaat möglich
Standdauer: 4–5 Monate
Info: feiner und zarter als Rote Bete, Ringel in aufgeschnittener Knolle zu erkennen

Rote Bete
Beta vulgaris subsp. *vulgaris*
Gänsefußgewächse

Anbau: Jungpflanzen, 20 cm Abstand, Direktaussaat möglich
Standdauer: 4–5 Monate
Info: nur ganze, unverletzte Knollen kochen oder lagern, »bluten«, d. h. färben sonst stark ab

Topinambur
Helianthus tuberosus
Korbblütler

Anbau: Knollen in Töpfen ins Beet setzen (Wurzelsperre)
Standdauer: dauerhaft
Info: breitet sich stark aus, niedrige Sorten wählen, inulinhaltig, fördert gesunde Darmflora

Winterrettich
Raphanus sativus
Kreuzblütler

Anbau: Direktaussaat ins Beet
Standdauer: 3–4 Monate
Info: Winterrettiche sind lagerfähig, Knollen schmecken scharf, können zur Gewinnung von Hustensaft verwendet werden

(Frühlings-)Zwiebel
Allium fistulosum
Zwiebelgewächse

Anbau: Jungpflanzen, 5 cm Abstand, Direktaussaat möglich
Standdauer: 3–4 Monate
Info: in Töpfen vorziehen und als Tuff pflanzen, Direktaussaat gelingt oft nicht gut

(Küchen-)Zwiebel
Allium cepa
Zwiebelgewächse

Anbau: als Steckzwiebel setzen, 10 cm Abstand
Standdauer: 3–4 Monate
Info: Steckzwiebeln reifen schneller als gesäte, frühe Ernte – wie Frühlingszwiebeln – möglich

FRUCHTGEMÜSE UND BEEREN

Pralle Früchte, knackige Schoten und köstliches Obst

Ananaskirsche

Physalis pruinosa
Nachtschattengewächse

Anbau: Pflanzen kaufen oder Jungpflanzen ab Februar anziehen
Standdauer: 4–5 Monate
Info: 60–80 cm hoch, Beeren sind reif, wenn Hüllblätter trocken werden

Aubergine

Solanum melongena
Nachtschattengewächse

Anbau: Pflanzen kaufen oder Jungpflanzen ab Februar anziehen
Standdauer: 4–5 Monate
Info: sehr wärmebedürftig, Mini-Auberginen werden sicherer reif als großfrüchtige

Buschbohne

Phaseolus vulgaris var. *nanus*
Schmetterlingsblütler

Anbau: Direktaussaat oder Jungpflanzen anziehen, 5 cm Abstand
Standdauer: 8–10 Wochen
Info: nicht vor Mitte Mai ins Beet setzen, wärmebedürftig, grüne, gelbe und schwarze Sorten

Chili

Capsicum annuum
Nachtschattengewächse

Anbau: Pflanzen kaufen oder Jungpflanzen ab Februar anziehen
Standdauer: 4–5 Monate
Info: brauchen viel Wärme und Sonne, Capsaicin-Gehalt macht die Schärfe aus

Erbse

Pisum sativum
Schmetterlingsblütler

Anbau: Direktaussaat oder Jungpflanzen anziehen, 5 cm Abstand
Standdauer: 3 Monate
Info: Palerbsen können eher gesät werden als Mark-und Zuckererbsen, früh ernten, werden mehlig

Erdbeere

Fragaria ananassa, F. vesca
Rosengewächse

Anbau: Pflanzen kaufen
Standdauer: 3 Jahre
Info: Walderdbeeren sind aromatischer, haben aber kleinere Früchte als Gartenerdbeeren, nach 3 Jahren Pflanzen erneuern

Gurke

Cucumis sativus
Kürbisgewächse

Anbau: Pflanzen kaufen oder Jungpflanzen ab April anziehen
Standdauer: 3–4 Monate
Info: Freilandgurke oder Mini-Schlangengurke wählen, wärmebedürftig

Heidelbeere

Vaccinium corymbosum, V. myrtillus
Heidekrautgewächse

Anbau: Pflanzen kaufen
Standdauer: mehrjährig
Info: Naturheidelbeersträucher kleiner als Kulturheidelbeeren, beide benötigen saure Spezialerde (Rhododendronerde)

Kürbis

Cucurbita-Arten
Kürbisgewächse

Anbau: Pflanzen kaufen oder Jungpflanzen ab April anziehen
Standdauer: 4–5 Monate
Info: Hokkaido-Kürbis oder andere kleinfruchtige Sorte wählen, Ranken außen am Beet entlangleiten

Paprika

Capsicum annuum
Nachtschattengewächse

Anbau: Pflanzen kaufen oder Jungpflanzen ab Februar anziehen
Standdauer: 4–5 Monate
Info: wärmebedürftig, Snackpaprika oder Spitzpaprikasorten werden auch im Freiland reif

Tomate

Solanum lycopersicum
Nachtschattengewächse

Anbau: Pflanzen kaufen oder Jungpflanzen ab April anziehen
Standdauer: 4–5 Monate
Info: Buschtomaten bleiben kleiner als Stabtomaten und müssen nicht ausgegeizt werden

Zucchini

Cucubita pepo var. *giromontiina*
Kürbisgewächse

Anbau: Pflanzen kaufen oder Jungpflanzen ab April anziehen
Standdauer: 3–4 Monate
Info: männliche und weibliche Blüten an einer Pflanze, längliche Früchte jung ernten

GÄRTNERN IM RHYTHMUS DER JAHRESZEITEN

Im phänologischen Kalender werden die Entwicklungsstände der Vegetation bestimmten Jahreszeiten zugeordnet. Sie hängen von Tageslänge, Temperatur und Niederschlägen ab und eignen sich bestens als Orientierung für den richtigen Zeitpunkt von Gartenarbeiten.

DER PHÄNOLOGISCHE FRÜHLING

Im Frühling ist Pflanzzeit. Phänologische Zeigerpflanzen aus der Natur – wie Schneeglöckchen, Forsythie und Apfelblüten – zeigen, wann jetzt der richtige Zeitpunkt für die Bepflanzung Ihres Hochbeets ist.

Im phänologischen Kalender sind die Jahreszeiten feiner untergliedert als im kalendarischen. Der Frühling teilt sich in drei Phasen auf:

- Vorfrühling,
- Erstfrühling und
- Vollfrühling

Jede Phase beginnt mit der Blüte bestimmter Zeigerpflanzen und endet mit dem Beginn der nächsten Phase. Für die Bepflanzung Ihres Hochbeets ist es vorteilhafter, sich nach bestimmten Entwicklungsständen in der Natur zu richten, als sich an einem festgelegten Datum zu orientieren, denn die Entwicklung der Pflanzen läuft von Jahr zu Jahr und von Region zu Region sehr unterschiedlich ab. In den letzten Jahrzehnten lässt sich beobachten, dass die Frühlingsphasen eher einsetzen als in früheren Zeiten, was mit der Klimaerwärmung in Zusammenhang gebracht wird.

Spätestens im Erstfrühling können Sie mit der Hochbeetbestellung beginnen.

DER VORFRÜHLING

Der phänologische Vorfrühling beginnt mit der Blüte des Haselnussstrauchs. Auch Schneeglöckchen und Märzenbecher beginnen in dieser Zeit zu blühen. Im Hochbeet kann im Vorfrühling schon gepflanzt und gesät werden, allerdings nur, wenn Sie einen Frühbeetaufsatz verwenden. Viele Gemüse- und Kräuterarten vertragen die ein oder andere Frostnacht, brauchen aber Schutz, wenn es längere Zeit kalt ist. Haben Sie keinen Frühbeetaufsatz für Ihr Hochbeet, beginnen Sie mit der Bepflanzung besser erst im Erstfrühling.

DER ERSTFRÜHLING

Mit der Forsythienblüte wird der Erstfrühling eingeläutet. Er ist der Startzeitpunkt für viele Gartenarbeiten, weil man davon ausgehen kann, dass die ärgsten Fröste vorüber sind. Der Boden im Hochbeet hat sich im Erstfrühling so weit erwärmt, dass

z. B. Radieschen, Gartenkresse, Möhren und Palerbsen gesät werden können. Vorgezogene Salate und auch Kohlrabi-Jungpflanzen können ins Beet gesetzt werden. Samen und Pflänzchen keimen und wachsen zunächst nur langsam, mit zunehmender Tageslänge und Temperatur erhöht sich die Entwicklungsgeschwindigkeit aber zusehends. Beginnen Sie mit der Hochbeetbepflanzung im Erstfrühling, kann der erste Gemüsesatz schon geerntet werden, wenn die Pflanzung der wärmedürftigen Fruchtgemüse wie Tomaten und Gurken ansteht.

DER VOLLFRÜHLING

Der Vollfrühling ist gekommen, wenn die Apfelbäume zu blühen beginnen. Der Termin fällt etwa auf Ende April. Die Tage sind nun schon recht warm und auch die Nächte werden milder. In dieser Zeit entwickeln sich die Frühgemüse im Hochbeet prächtig. Bevor Sie jedoch die kälteempfindlichen Sommergemüse pflanzen, müssen Sie sichergehen, dass es auch nachts nicht mehr friert.

Die Eisheiligen

Mitten im Vollfrühling ist vielfach noch mit einem Kälteeinbruch zu rechnen. Diese kalten Tage sind Gedenktage an Heilige, die auch die »Eisheiligen« genannt werden. Alten Bauernregeln zufolge sind die Eisheiligen die letzten Tage im Frühjahr, in denen Nachtfröste auftreten können. Die Eisheiligen enden mit der »Kalten Sophie« am 15. Mai. Danach ist das Feld freigegeben für die frostgefährdeten sommerlichen Fruchtgemüse Tomaten, Paprika, Gurken, Zucchini und Kürbis. Die Zeit kurz nach den Eisheiligen im Vollfrühling ist daher ein sehr wichtiger Pflanztermin, auf den die Abfolge der Kulturen im Hochbeet abgestimmt wird. Vor den Sommergemüsen werden schnellwüchsige und kältetolerante Gemüsearten gepflanzt, die spätestens Mitte Mai geerntet sind. Nach den Sommergemüsen können dann noch einmal Blattgemüse gepflanzt oder gesät werden, die entweder schnell wachsen und bis zum Wintereinbruch abgeerntet sind. Oder man wählt Arten, die so frosthart sind, dass sie den Winter im Beet überdauern und im nächsten Frühjahr geerntet werden.

Schneeglöckchen und Haselnuss blühen gleichzeitig und künden den Vorfrühling an.

Im Erstfrühling steht die Forsythienblüte als Zeigerpflanze im Mittelpunkt.

Mit beginnender Apfelblüte ist der Vollfrühling eingezogen.

DER PHÄNOLOGISCHE SOMMER

Die phänologischen Sommerjahreszeiten sind im Garten vor allem von den Fruchtgemüsen geprägt. Sie zeigen aber auch die richtigen Termine für die Aussaat und Pflanzung der Wintergemüse an.

Auch der Sommer wird im phänologischen Kalender in drei Phasen aufgeteilt, deren Beginn jeweils an einem bestimmten Entwicklungsstand verschiedener Zeigerpflanzen ausgemacht wird. Die Sommerphasen werden unterschieden in:

- Frühsommer
- Hochsommer und
- Spätsommer

Für die im Vollfrühling gepflanzten Fruchtgemüse ist der Sommer die Zeit des Wachstums und der Reife. Für das Wintergemüse, das eine längere Entwicklungszeit als das Sommergemüse hat, fällt die Pflanz- und Aussaatzeit in die Sommerphasen.

DER FRÜHSOMMER

Der Frühsommer beginnt mit der Blütezeit des Schwarzen Holunders. Jetzt bleiben die Nächte so warm, dass auch die wärmebedürftigsten Pflanzen wie z. B. das Basilikum, eine Chance im Freiland haben. Auch bei den Fruchtgemüsen – Tomaten, Pap-

Der Frühsommerbeginn geht mit der Blüte des Schwarzen Holunders einher. Der Strauch mit den tellerförmigen Blütenrispen war früher in jedem Bauerngarten zu finden. Aus den Blüten lässt sich ein köstlicher Sirup herstellen.

Die stark duftenden Blüten der Sommerlinde läuten den Hochsommer ein.

Der Spätsommer wird durch die ersten reifen Äpfel angezeigt, z.B. durch den gelbgrünen Klarapfel.

rika, Auberginen, Kürbis und Zucchini – setzt erst im Frühsommer verstärkt das Wachstum ein, denn sie brauchen viel Wärme, auch in der Nacht. Mit der Auswahl der richtigen Sorten und bei ausreichend Licht bilden die empfindlichen Fruchtgemüse an einem geschützten Standort im Hochbeet sicherer als in einem Beet auf dem Boden Früchte aus.
Für Auberginen und Paprika lohnt es sich, den Frühbeettunnel auch im Frühsommer noch auf dem Hochbeet zu belassen. Die Pflanzen, die sonst nur im Gewächshaus reife Früchte liefern, wachsen bei kühlem Sommerwetter unter der Folie besser als ungeschützt im Freiland.

DER HOCHSOMMER

Der Blühbeginn der stark duftenden Sommerlinden zeigt den Einzug des Hochsommers an. Im Schnitt der letzten 30 Jahre war die Phase des Hochsommers mit durchschnittlich 47 Tagen die längste phänologische Jahreszeit, abgesehen vom Winter, der aber nicht untergliedert wird.
Im Garten ist der Hochsommer unter anderem an reifen Johannisbeeren und Stachelbeeren zu erkennen. Jetzt beginnt eine Zeit, in der das Wässern des Hochbeets besonders wichtig ist. Jetzt ist aufgrund der hohen Temperaturen die Wasserverdunstung sehr hoch. Die Fruchtgemüse brauchen während der Entwicklung ihrer Früchte jedoch sehr viel Wasser, leiden sie unter einem Mangel an Wasser, bilden sie deutlich weniger Früchte.
Spätestens zu Beginn des Hochsommers werden die Wintergemüsepflanzen in Saatschalen ausgesät und pikiert. Achten Sie auch bei der Jungpflanzenanzucht besonders auf die Wasserversorgung. Die Pflänzchen stehen oft in kleinen Töpfen, die schnell austrocknen.

DER SPÄTSOMMER

Die ersten reifen, frühen Apfelsorten künden im Garten den Beginn des Spätsommers an. Etwa zeitgleich zeigt die Eberesche ihre leuchtend roten Früchte und auch das Heidekraut beginnt zu blühen. Die Temperaturen gehen langsam wieder zurück. In den meisten Regionen fällt der Spätsommer in den Monat August.
Tomaten, Paprika, Zucchini und Gurken liefern weiterhin reichlich Früchte, erst gegen Ende des Spätsommers werden es weniger. Da keine neuen Früchte mehr gebildet werden, kann man die Wasserversorgung der Fruchtgemüse etwas zurückfahren. Gießen müssen Sie trotzdem regelmäßig, denn spätestens zu Beginn des Spätsommers werden die Wintergemüsesetzlinge im Hochbeet eingepflanzt. Die Wurzeln der noch recht kleinen Pflanzen reichen anfangs nur in die obere Erdschicht des Beets, die schnell austrocknet.

DER PHÄNOLOGISCHE HERBST

Im Herbst werden die Tage zusehend kürzer und man muss mit den ersten Nachtfrösten rechnen. Im Hochbeet ist nun in erster Linie Erntezeit. Lediglich im Frühherbst gelingen noch einige Aussaaten.

In der Phänologie hat auch der Herbst eine Vor-, eine Haupt- und eine Nachphase, die an der Reife verschiedener Pflanzen und am Fall und der Verfärbung des Laubs ausgemacht werden.
Man unterteilt ihn in:

- Frühherbst
- Vollherbst und
- Spätherbst

In den phänologischen Herbstjahreszeiten steht die Ernte verschiedener Gemüse, Kräuter und Früchte im Vordergrund. Im Frühherbst kann jedoch auch noch gesät werden.

DER FRÜHHERBST

Reife Holunderbeeren sind ein untrügliches Zeichen für den Einzug des Frühherbstes. Während es tagsüber oftmals noch sommerlich warm ist, werden die Nächte unweigerlich kälter. Die Tage werden deutlich kürzer. Im Hochbeet brauchen die Früchte von Tomaten und Paprika lange, um auszufärben. Vor-

Im Herbst ist im Hochbeet Ernte- und Pflanzzeit zugleich. Die sommerlichen Fruchtgemüse werden geerntet und aus dem Beet entfernt. Für den Winter können im Frühherbst aber noch Salate neu ausgesät und gepflanzt werden.

teilhaft sind die kühleren Nächte für die Aussaaten, die im Frühherbst ausgebracht werden. Die typischen Wintersalate wie Feldsalat und Postelein kommen jetzt ins Beet. Sie keimen erst, wenn die Temperaturen unter 12 °C fallen.

DER VOLLHERBST

Der Vollherbst beginnt, wenn die Früchte der Stieleiche reif sind und herunterfallen. Auch die Fruchtreife der Rosskastanien und der Walnüsse fällt in diese Zeit. Die Temperaturen gehen weiter zurück, Sie müssen mit den ersten Nachtfrösten rechnen. Kräuter und Gemüse, die bei Frost Schaden nehmen, sollten im Vollherbst abgeerntet sein. Es sei denn, Sie setzen einen Frühbeetaufsatz ein, unter dem die Temperatur um 2–3 °C höher gehalten werden kann. Ausgesät und gepflanzt wird im Vollherbst nichts mehr.

Im Hochbeet stehen jetzt die Wintergemüse im Fokus. Je nachdem, wann sie gepflanzt wurden, sind die ersten Kohlarten, z. B. der Grünkohl, schon erntereif. Besonders gut schmecken die meisten Grünkohlsorten aber erst nach dem ersten Frost.

DER SPÄTHERBST

Der Anfang des Spätherbstes wird durch die Laubfärbung der Stieleiche angezeigt. Zur gleichen Zeit verliert die Eberesche ihre Blätter, auch sie kann als Zeigerpflanze betrachtet werden.

Zum Ende des Spätherbstes ist die Vegetationsperiode abgeschlossen. Die Temperaturen sind so tief und die Tage so kurz, dass kein Wachstum mehr stattfindet. Mit einem Frühbeetaufsatz können Sie das Wachstum ein paar Tage länger in Gang halten. In einem langen und milden Herbst sind im Hochbeet die Wintersalate vielleicht noch reif geworden und können nach und nach geerntet werden. Sollten sie noch zu klein sein, müssen Sie Geduld haben. Die Entwicklung der Pflänzchen bleibt einfach stehen und setzt im Erstfrühling wieder ein.

Wintergemüse wie Kohl, Porree oder späte Möhren werden weiterhin geerntet. Nutzen Sie vor allem für die Porree- und Möhrenernte frostfreie Tage, damit die Pflanzen ohne Verletzungen aus dem Boden gezogen werden können.

Tiefschwarze, reife Holunderbeeren kündigen den Frühherbst an.

Walnüsse sind reif, wenn ihre Schale aufplatzt. Das geschieht zu Beginn des Vollherbstes.

Fällt das gelb gefärbte Laub der Stieleichen, lässt sich der Spätherbst nicht mehr aufhalten.

DER PHÄNOLOGISCHE WINTER

Der Winter ist im Hochbeet keine verlorene Jahreszeit. Auch wenn das Wachstum stillsteht, kann weiter geerntet werden. Einige Blattgemüse überdauern in halb fertigem Zustand, um zeitig im Frühjahr weiterzuwachsen.

Der phänologische Winter wird nicht wie die anderen Jahreszeiten in eine Vor-, Haupt- und Nachphase unterteilt. Es gibt ihn nur einmal. Er beginnt mit dem Nadelfall der Europäischen Lärche und endet mit dem Blühbeginn der Haselnuss, der Zeigerpflanze für den Vorfrühling.

DER WINTER

In den meisten Gärten scheint im Winter die Zeit stillzustehen. Die Beete sind abgeräumt, die Gartenwerkzeuge stehen gereinigt, geölt und repariert im Gartenhaus und warten auf ihren erneuten Einsatz im Frühling. Der Winter scheint eine verlorene Jahreszeit zu sein, den Gärtnerinnen und Gärtner nur abwartend, vielleicht noch planend in Vorfreude auf das nächste Frühjahr überdauern. Auch in Gartenbüchern und -zeitschriften findet der Winter kaum Beachtung. Anregung findet man für strukturgebende Gehölze und Stauden im Garten, aber nur selten für die Bepflanzung von Gemüse- oder Hochbeeten.

Der phänologische Winter beginnt, wenn die Blätter der Stieleiche herunterfallen. Gleichzeitig fallen auch die Blätter von spät reifenden Apfelbäumen und die leuchtend gelb gefärbten Nadeln der Europäischen Lärche.

Mit einer Schneedecke sind Feldsalat und Asia-Salat im Winter bestens geschützt.

Dabei bietet auch der Winter viele Möglichkeiten für den Anbau von Gemüse und Kräutern. Wachsen kann das Gemüse im Winter zwar nicht, dafür sind die Temperaturen zu tief und die Tage zu kurz. Aber Sie können ernten, vorausgesetzt, Sie haben im Spätsommer und Frühherbst schon an die kühle und dunkle Jahreszeit gedacht und Wintergemüse gepflanzt und gesät.

Die Winter werden kürzer

Schaut man sich die phänologischen Aufzeichnungen der Vergangenheit an, ist deutlich zu erkennen, dass der Winter in unseren Breiten kürzer wird. Während man in den Jahren von 1961–1990 noch durchschnittlich 120 Wintertage in Deutschland zählte, waren es in den Jahren von 1991–2017 nur noch 103 Tage. Mit 90 bzw. 74 Tagen waren die Winter 2018/19 und 2019/20 sogar extrem kurz. Gleichzeitig ist der Herbst etwas länger geworden und der Erstfrühling setzt deutlich früher ein.

Die Vegetationszeit wird länger

Mit der Verkürzung des Winters geht eine Verlängerung der Vegetationszeit einher. Die Zeit, in der Pflanzen Fotosynthese betreiben und wachsen können, nimmt zu. Das Wintergemüse profitiert davon. Im Herbst hat es mehr Zeit, sich zu entwickeln und zu reifen. Bei Gemüsearten, die im Winter ruhen und im Frühjahr noch einmal durchstarten, setzt das Wachstum deutlich früher wieder ein als noch vor einigen Jahren.

DAS HOCHBEET IM WINTER

Gemüse über Winter draußen stehen zu lassen ist mit einem Risiko verbunden. Nicht jeder Winter verläuft so mild, dass ihn die Pflanzen unbeschadet überstehen. Etwas Schutz bietet eine Mulchschicht aus Herbstlaub, die auf der Erde und zwischen den Pflanzen verteilt wird. Neben der Kälte kann auch zu viel Nässe den Pflanzen schaden.

Mehr Schutz durch einen Frühbeetaufsatz

Etwas leichter haben es Kräuter und Gemüse im Winter unter einem Frühbeetaufsatz. Er hält Wind und Niederschläge ab und lässt bei Sonnenschein die Temperaturen ansteigen. Ist es feucht im Hochbeet, steigt auch die Luftfeuchtigkeit. Damit sich keine Pilzkrankheiten ausbreiten, ist es wichtig, auch im Winter regelmäßig zu lüften. Prüfen Sie außerdem, ob die Pflanzen Wasser brauchen.

HOCHBEETE IM JAHRESLAUF

Was darf es sein? Ein bunter Mix aus Gemüsen und Salaten, duftende Kräuter, mediterrane Genüsse, ein Hochbeet zum Naschen oder eines mit Superfood? Sechs Pflanzpläne sorgen dafür, dass Sie von Ihrem Hochbeet bis in den Winter und darüber hinaus ernten können.

BEPFLANZUNG ZUM NACHMACHEN: THEMENHOCHBEETE À LA CARTE

Mit einer fertigen Planung gelingt auch Anfängern eine Bepflanzung vom Frühjahr bis in die Wintermonate. Sechs ganz unterschiedliche Pläne, mit denen Sie gleich loslegen können, stehen zur Wahl.

Das Hochbeet das ganze Jahr zu nutzen ist das erklärte Ziel der auf den nächsten Seiten vorgestellten Beetplanungen. Jede der Bepflanzungen ist im kompletten Jahresverlauf dargestellt. Sie erfahren ganz genau – bezogen auf den phänologischen Kalender –, wann welche Gemüse und Kräuter gepflanzt, gesät und geerntet werden. In den Tabellen sind die benötigten Jungpflanzen oder das Saatgut aufgelistet. Sie finden hier außerdem Empfehlungen für geeignete Sorten sowie Tipps für den Anbau und, wenn möglich, auch noch eine Alternative für die genannten Gemüse oder Kräuter, denn nicht jeder ist für jedes Gemüse und jedes Kraut gleichermaßen zu begeistern.

HOCHBEETGRÖSSE

Alle Bepflanzungspläne sind auf ein Beet mit einer Größe von 120 × 200 cm abgestimmt. Stimmen die Maße Ihres Hochbeets nicht damit überein, passen Sie die Bepflanzung selbst an:

Mit einer gut durchdachten Planung der Bepflanzung liefert Ihr Hochbeet vom Frühjahr bis in den Winter frisches Gemüse und aromatische Kräuter. Wählen Sie eines der sechs Themenbeete aus und pflanzen Sie es ganz einfach nach.

- Ist Ihr Beet schmaler, setzen Sie einfach ein paar Pflanzen weniger, ist es breiter, ein paar mehr.
- Ist es kürzer lassen Sie am Anfang und/oder am Ende des Beets eine oder mehrere Reihen weg.

Wichtig: Halten Sie, wenn Sie Bepflanzungspläne ändern, die empfohlenen Reihenabstände ein.

PFLANZTERMINE

Der phänologische Kalender ist in zehn Jahreszeiten untergliedert, mit denen das Hochbeet sein Gesicht verändert. Zu jedem Themenbeet finden Sie fünf Abbildungen, die das Beet zu einer bestimmten Zeit zeigen. Dabei sind die Veränderungen im Hochbeet innerhalb von zwei phänologischen Jahreszeiten dargestellt. Die Zeichnungen zeigen das Beet:

- im Erst- und Vorfrühling. In diesem Zeitraum findet die Frühjahrsbepflanzung mit den ersten, kältetoleranten Gemüsearten statt.
- im Vollfrühling und Frühsommer. Das Beet verändert sich, da zu dieser Zeit die wärmebedürftigen Sommergemüse gepflanzt werden.

In jedem Plan sind die Regeln der Mischkultur, z. B. Möhre neben Zwiebel setzen, berücksichtigt.

DIE SECHS THEMENBEETE

Für jeden ist etwas dabei – Kräuterfans werden genauso fündig wie Liebhaber der italienischen Küche:

- Das 365-Tage-Hochbeet für saisonales Gemüse ab Seite 102
- Das 365-Tage-Hochbeet für Rohkost-Fans ab Seite 112
- Das 365-Tage-Hochbeet für den Kräuteranbau ab Seite 122
- Das 365-Tage-Hochbeet für die italienische Küche ab Seite 132
- Das 365-Tage-Hochbeet für Nasch- und Duftpflanzen 142
- Das 365-Tage-Hochbeet für heimisches Superfood ab Seite 152

- im Hoch- und Spätsommer. Die letzten Erst- und Vorfrühlingskulturen werden geerntet und machen Platz für Wintergemüse, das im Sommer gepflanzt werden muss.
- im Früh- und Vollherbst. Die ersten Sommerkulturen sind abgeerntet, im Hochbeet können noch Wintersalate gesät oder gepflanzt werden.
- im Spätherbst und Winter. Auch zu dieser Zeit kann ein Hochbeet noch vielfältig bepflanzt sein.

FRUCHTFOLGE UND MISCHKULTUR

Bei jedem Pflanzvorschlag ist eine Fruchtfolge berücksichtigt, die die Gesundheit der Pflanzen unterstützt: Die nachfolgende Kultur stammt aus einer anderen Familie als die gerade geerntete. Dies gilt auch für Arten, die zeitgleich im Beet stehen: In einer gesunden Mischkultur stehen Arten aus einer Familie nicht nebeneinander, denn sie konkurrieren um die gleichen Nährstoffe und übertragen Krankheiten untereinander (→ Seite 162–164).

DAS 365-TAGE-HOCHBEET FÜR SAISONALES GEMÜSE

Heimisches Gemüse gibt es das ganze Jahr über und jede Jahreszeit bringt ihre ganz speziellen Gemüse, Salate und Kräuter hervor. Diese Bepflanzung liefert rund ums Jahr einen gesunden und abwechslungsreichen Mix.

Regional angebautes und saisonal verfügbares Obst und Gemüse hat eine gute Ökobilanz, denn es kommt ohne energieintensive Lagerung und ohne lange Transportwege zum Verbraucher. Obst und Gemüse aus eigener Ernte erfüllt diese Kriterien von Haus aus und lässt den eigenen ökologischen Fußabdruck noch kleiner werden. Die Bepflanzung in diesem Beet bietet eine bunte Mischung aus Gemüsen, Salaten und Kräutern und zeigt, welche Arten in den verschiedenen Jahreszeiten Saison haben.

ERST- UND VORFRÜHLING

Mit einem Frühbeetaufsatz wird das Beet zu einem Mini-Gewächshaus und Sie können mit der Bepflanzung im Vorfrühling beginnen. Ohne Aufsatz warten Sie, bis es im Erstfrühling etwas wärmer wird. Als Erstes bringen Sie in der Mitte des Hochbeets eine Rankhilfe für die Erbsen an. Ein einfaches

Mit acht verschiedenen Gemüsearten starten Sie mit dieser Bepflanzung in ein Frühjahr, in dem Sie sich mit selbst gezogenen, heimischen Gemüsearten versorgen. Schon nach wenigen Wochen ernten Sie die ersten Radieschen, Spinat und Salate.

Scherengitter aus Weide reicht dafür aus, es lässt sich an jede Hochbeetbreite anpassen. Anschließend legen Sie Pflanzschaufel, Zollstock, einen Holzstab in Hochbeetbreite oder eine Pflanzleine sowie Saatgut und Jungpflanzen bereit.

Reihe für Reihe pflanzen und säen

Ziehen Sie zuerst 5 cm ober- und 5 cm unterhalb der Rankhilfe je eine 1 cm tiefe Rille für die Erbsen. Dann legen Sie die Samen im Abstand von 3 cm in die Rillen und decken sie mit Erde ab.
Nun nehmen Sie sich die obere Hälfte des Hochbeets vor. Säen Sie im Abstand von 25 cm zu den Erbsen eine Reihe Radieschen. 20 cm oberhalb von den Radieschen wird eine Reihe Kopfsalat aus vorgezogenen Jungpflanzen ins Beet gesetzt. Verteilen Sie sechs Pflanzen gleichmäßig mit etwa 20 cm Abstand in der 1,2 m breiten Reihe. Beachten Sie, dass Salatpflänzchen »im Wind flattern« müssen:

Entlang eines Holzstabs kann man ganz einfach gerade Pflanz- bzw. Saatreihen ziehen.

Setzen Sie die Pflanzen nur so tief, dass die Wurzelballen zur Hälfte aus dem Boden schauen. Die Salatköpfe sind so bestens vor Salatfäule geschützt.
Nun markieren Sie 20 cm weiter die Reihe für die Steckzwiebeln und stecken sie im Abstand von 3 cm –

BEPFLANZUNG IM ERST- UND VORFRÜHLING

Gemüse	Sorten	Bemerkung	Alternative
1 Möhre	'Milan', 'Fynn'	Saatgut kaufen, frühe Sorte wählen, späte haben längere Kulturzeit	---
2 Steckzwiebel	'Stuttgarter Riesen', (gelb), 'Red Kit' (rot)	Pflanzgut kaufen	Frühlingszwiebel, am besten vorgezogen
3 Kopfsalat	'Maikönig' (grün), 'Pirat' (rot, ganzjährig)	6 Jungpflanzen kaufen, jetzt zu wenig Licht für eigene Anzucht	Pflücksalat
4 Radieschen	'Cherry Belle' (rot), 'Eiszapfen' (weiß)	Saatgut kaufen, im Frühjahr und Herbst keine Sommersorten anbauen	Rucola, Asia-Salat
5 Palerbsen	'Kleine Rheinländerin', 'Blauwschokker'	Saatgut kaufen, Palerbsen früh ernten, werden schnell mehlig	Mark- und Zuckererbsen, erst ab Mitte April aussäen
6 Rucola (Salatrauke)	'Ruca', 'Speedy'	Saatgut kaufen, Direktsaat ins Beet	Asia-Salat, Radieschen
7 Spinat	'Matador', 'Reddy' (rotstielig)	Saatgut kaufen, Direktsaat ins Beet	Mangold 'Charlie'
8 Kohlrabi	'Lanro' (weiß), 'Azur Star' (blau)	6 Jungpflanzen zukaufen, jetzt zu wenig Licht für eigene Anzucht	---

mit der Spitze nach oben – 2–3 cm tief in die Erde. Zuletzt wird auf der oberen Beethälfte 20 cm neben den Zwiebeln eine Reihe Möhren ausgesät. Anschließend gehen Sie auf der unteren Beetseite genauso vor. 30 cm rechts von den Erbsen säen Sie Salatrauke, 25 cm weiter eine Reihe Spinat und weitere 30 cm weiter rechts setzen Sie sechs vorgezogene Kohlrabipflanzen in die Erde.
Zum Schluss gießen Sie das gesamte Beet kräftig an und setzen, solange es noch kalt ist, die Frühbeethaube auf.

Beetpflege

Jetzt heißt es geduldig warten, dass die Samen keimen. An sonnigen Tagen muss das Frühbeet gelüftet werden, damit es unter den Plexiglasscheiben oder der Folie nicht zu heiß wird. Halten Sie das Beet gleichmäßig feucht (nicht nass!), keimende Samen dürfen nicht austrocknen. Radieschen und Möhren werden nach ca. 4 Wochen auf einen Abstand von 2–3 cm in der Reihe ausgedünnt, damit jede Pflanze genug Platz hat, sich zu entwickeln.

VOLLFRÜHLING UND FRÜHSOMMER

Mit der Apfelblüte zieht der Vollfrühling ins Land. Die Frühbeetkonstruktion kann entfernt werden, denn alle Gemüsekulturen auf dem Beet sind kältetolerant und vertragen auch Temperaturen um den Gefrierpunkt.

Ernte im Frühlingsbeet

Die Erbsen können etwa ab Ende Mai gepflückt und frisch verzehrt werden. Radieschen und Kopfsalat sollten bis Mitte Mai geerntet sein. Während die Zwiebelreihe schon ausgelichtet ist, brauchen die Möhren noch Zeit. Sie werden ihren Platz im Beet bis Ende Juni in Anspruch nehmen.
Mit der Ernte der Rucola beginnen Sie, sobald die Blätter ca. 10 cm lang sind. Schneiden Sie die Rauke 3 cm über dem Boden ab, bleibt der Vegetationspunkt unverletzt und die Pflanzen treiben ein zweites Mal aus. Mitte bis Ende Mai wird sowohl die Ernte der Rauke als auch des Spinats beendet sein. Auch die Kohlrabi sind Ende Mai erntereif und können nach und nach geerntet werden.

Platz für Sommergemüse

Mitte Mai, nach den Eisheiligen gibt es auch nachts keinen Frost mehr, sodass die wärmebedürftigen Sommerkulturen ins Beet ziehen können. Auf einer Seite des Hochbeets sind zwei Tomaten, eine Snackpaprika und eine Chilipflanze vorgesehen. Für diese Gemüse gibt es eine gute Auswahl an Jungpflanzen im Gartencenter. Natürlich besteht auch die Möglichkeit, sie selbst anzuziehen. Wenn Sie die Tomaten selbst anziehen, sollten Sie Buschtomaten wählen. Sie eignen sich für ein Hochbeet besonders gut: Man muss sie nicht ausgeizen und sie werden nur

Im Vollfrühling und im Frühsommer wird ein großer Teil der Bepflanzung abgeerntet sein. Nach den Eisheiligen Mitte Mai werden die wärmeliebenden Fruchtgemüse, wie z. B. Tomate gepflanzt.

Die spiralförmigen Rankhilfen lassen sich fest im Hochbeet verankern. Sie haben den großen Vorteil, dass sie nicht kippen, sondern Pflanzen und Stützstäbe sicher fixieren.

60–80 cm hoch, sodass sie bequem geerntet werden können. Trotz der geringen Höhe sind aber auch Buschtomaten nicht standfest und brauchen einen Stab als Stütze.

Neben den Fruchtgemüsen haben auf dieser Beethälfte noch jeweils zwei Töpfe Petersilie und Basilikum Platz. Basilikum pflanzen Sie am besten erst Mitte Juni ins Beet, denn es ist ausgesprochen wärmebedürftig und verträgt keine kalten Nächte.

Auf der anderen Beethälfte finden Mitte bis Ende Mai vier buntstielige Mangoldpflanzen ihren Platz. Sobald sie angewachsen und etwas größer geworden sind, bilden sie einen wahren Hingucker auf dem Beet, von dem sie bis in das nächste Frühjahr ernten können. Mangold wächst zwar im Winter nicht, legt

BEPFLANZUNG IM VOLLFRÜHLING UND FRÜHSOMMER

Gemüse	Sorten	Bemerkung	Alternative
1 Tomate	'Bogus fruchta', 'Siderno', 'Hoffmanns Rentita'	2 Jungpflanzen kaufen oder Anzucht 6 Wochen vorher beginnen	bei Verzicht auch auf Paprika und Chili: Kartoffeln
2 Snackpaprika	'Flynn', 'Fritz', 'Tribelli Mini'	1 Jungpflanze kaufen oder Anzucht 10 Wochen vorher beginnen	Aubergine (Mini-Sorten für das Freiland)
3 Chili	'De Cayenne', 'Habanero orange' (mittlere Schärfe)	1 Jungpflanze kaufen oder Anzucht 10 Wochen vorher beginnen	Ananaskirsche: kleine Physalisart, wird auch im Freiland reif
4 Petersilie	'Mooskrause', 'Grüne Perle', 'Gigante d'Italia'	2 Töpfe kaufen oder Anzucht 8 Wochen vorher beginnen	andere Kräuter
5 Basilikum	'Genoveser', 'African blue' und 'Wildes Purpur' (rot)	2 Töpfe kaufen oder Anzucht 6 Wochen vorher beginnen	andere Kräuter
6 Mangold	'Bright Lights', 'Rainbow'	4 Jungpflanzen kaufen oder Anzucht 6 Wochen vorher beginnen	Rote Bete (überwintern aber nicht)
7 Multileaf-Salat	'Salanova', 'Multired', 'Multigreen'	6 Jungpflanzen, Anzucht 6 Wochen vorher beginnen	Pflücksalat, Romanasalat, Kopfsalat (unbedingt Sommersorten wählen)
8 Buschbohnen	'Maxi', 'Purple Teepee' (schwarz)	Saatgut kaufen, Direktsaat oder Anzucht 4 Wochen vorher beginnen	Rote Bete oder Spinat

aber im Frühjahr noch einmal los und bildet neue Blätter, bis er schließlich in die Blühphase übergeht und nicht mehr geerntet werden kann.
Dort, wo der Spinat stand, pflanzen Sie zur gleichen Zeit sechs vorgezogene Multileaf-Salate aus.

Bohnen satzweise anbauen

Sind die Kohlrabi abgeerntet, nehmen die in Töpfen vorgezogenen Buschbohnen ihren Platz ein. Am Beetende können sie über den Rand hinaus ranken und bequem geerntet werden.
Ziehen Sie in den frei werdenden Töpfen gleich wieder Bohnen an, sie werden später, nach der Möhrenernte, an den gegenüberliegenden Beetrand gepflanzt. Durch den satzweisen Anbau ist eine lange Erntephase bis in den Herbst hinein garantiert.

HOCH- UND SPÄTSOMMER

Im Hochsommer, zum Ende der Lindenblüte, spätestens aber, wenn im Spätsommer die frühen Äpfel reif werden, wird es Zeit, sich um das Wintergemüse im Hochbeet zu kümmern. Zum Wintergemüse zählen viele Arten, die eine lange Kulturzeit haben, wie Porree (Lauch), späte Möhren und verschiedene Kohlarten. Sie brauchen 4–5 Monate, um sich von einer Jungpflanzen zu einem erntereifen Gemüse zu entwickeln. Dort, wo ein Platz frei wird, sollte deshalb schon für den Winter vorgesorgt werden.

Tomaten und Paprika stehen im Vollertrag

Tomaten, Chili, Snackpaprika und die Kräuter stehen im Hoch- und Spätsommer in vollem Ertrag und bleiben bis in den Herbst hinein auf dem Beet stehen. In warmen und heißen Sommern werden die Früchte auch im September noch reif. Die nährstoffbedürftigen Pflanzen bekommen in einem frisch gefüllten Hochbeet genügend Nährstoffe, müssen aber regelmäßig und ausgiebig gegossen werden.
Werden von dem Basilikum regelmäßig die Triebspitzen geerntet, wächst es schön buschig nach.
Auf der unteren Hochbeethälfte hat der Mangold inzwischen eine stattliche Größe erreicht. Von den Stauden können Sie immer wieder die äußeren Blätter ernten, denn von innen heraus wachsen stets neue Blätter nach.

Im Hochsommer werden die im Frühjahr gesäten und gepflanzten Gemüse, die eine längere Kulturzeit haben, geerntet. Erbsen, Möhren und Zwiebeln machen Platz für die ersten Wintergemüsearten.

Diese Gemüse machen Platz

Zu Beginn des Hochsommers sind die Möhren und Erbsen nach und nach geerntet worden. Deshalb können die Erbsenpflanzen aus dem Beet entfernt werden. Erbsen zählen zu den Stickstoffsammlern, schneiden Sie daher nur die oberirdischen Pflanzenteile ab und lassen Sie die stickstoffangereicherten Wurzeln im Boden. Die nachfolgenden Kulturen werden von diesen Nährstoffen profitieren. Auf die Möhren folgt ein zweiter Satz Buschbohnen, den Sie bereits vorgezogen haben. Die Erbsen werden durch

Sonnenreife Tomaten aus eigener Ernte sind einfach nur köstlich.

je eine Reihe Rote Bete und Winterporree ersetzt. Jungpflanzen vom Winterporree sind problemlos in Gartencentern zu bekommen. Rote Bete dagegen gibt es nur selten, daher ziehen Sie sie besser selber an. Eine Direktaussaat ins Beet ist ebenfalls möglich. Die Multileaf-Salate werden nach und nach geerntet und machen Platz für Grünkohlpflanzen. In einem gut sortierten Gartencenter werden sie im Juli angeboten, sind aber auch leicht selber anzuziehen. Zum Ende des Hochsommers ist schließlich auch der erste Satz Bohnen abgeerntet. Bohnen zählen auch zu den Stickstoffsammlern. Ihre Wurzeln

BEPFLANZUNG IM HOCH- UND SPÄTSOMMER

Gemüse	Sorten	Bemerkung	Alternative
1 Buschbohnen	'Maxi', 'Purple Teepee' (schwarz)	Saatgut kaufen, Direktsaat oder Anzucht 4 Wochen vorher beginnen	Rote Bete oder Spinat
2 Rote Bete	'Rote Kugel', 'Foniro' (walzenförmig)	8 Jungpflanzen kaufen oder Anzucht 8 Wochen vorher beginnen	Gelbe Bete, Ringelbete
3 Winterporree	'Blaugrüner Winter', 'Freezo'	10 Jungpflanzen kaufen oder Anzucht 8 Wochen vorher beginnen	Winterlauchzwiebeln
4 Grünkohl	'Lerchenzungen', 'Redbor' (rotviolett)	3 Jungpflanzen kaufen oder Anzucht 6 Wochen vorher beginnen	Rotkohl, Weißkohl, Rosenkohl, Wirsing
5 Pflücksalat	'Lollo Rossa', 'Lollo Bionda', 'Pasha'	6 Jungpflanzen kaufen oder Anzucht 6 Wochen vorher beginnen	Babyleaf-Salat

bleiben im Boden, nur die oberirdischen Pflanzenteile werden entfernt. Nachgepflanzt werden Pflücksalate, die Sie idalerweise schon vorgezogen haben und als Jungpflanze ins Beet setzen. .

FRÜH- UND VOLLHERBST

Bis Ende September, unter phänologischer Betrachtung bis die ersten Walnüsse im Vollherbst reif von den Bäumen fallen, sind noch Aussaaten und Pflanzungen im Hochbeet möglich. Leider gibt es keine Garantie dafür, dass alle neu gepflanzten und gesäten Salate noch im gleichen Jahr geerntet werden können. Denn das hängt natürlich vom Wetter ab. Gibt es einen langen und warmen Herbst, wachsen die Pflanzen weiter. Gestaltet sich der Herbst dagegen trübe, mit wenigen Sonnenstunden und einem frühen Kälteeinbruch, stockt das Pflanzenwachstum. Die Aussaat oder die Pflanzung lohnt sich aber in jedem Fall, denn auch wenn sich die Salate nicht weiterentwickeln, überstehen sie den Winter und wachsen weiter, sobald im Frühjahr die Tage wieder länger werden und erste Sonnenstrahlen das Beet erwärmen. Dann können Sie Feldsalat und Postelein ganz früh im neuen Jahr ernten.

Im Früh- und Vollherbst wird im Hochbeet noch einmal umgebaut: Die sommerlichen Fruchtgemüse tragen nicht mehr und werden aus dem Beet entfernt. Stattdessen belegen Wintersalate die Reihen.

Die Saison der Fruchtgemüse geht zu Ende

Zu Beginn des Frühherbstes ist die Buschbohnenernte beendet. Schneiden Sie die oberirdischen Pflanzenteile ab und lockern Sie den Boden auf, ohne die Wurzeln mit ihrem Stickstoffvorrat zu entfernen. Vier Endivienpflanzen, die Sie angezogen oder als Jungpflanze eingekauft haben, folgen den Bohnen. Man unterscheidet breitblättrige, kältetolerante Escariol-Typen von feinen Frisee-Typen, die schon in den ersten Frostnächten erfrieren. Je später Sie pflanzen, desto wichtiger ist es, eine Escariolsorte zu wählen.

GRÜNE TOMATEN NACHREIFEN LASSEN

Gesunde, aber noch grüne Tomaten produzieren selbst das Reifegas Ethylen. Daher können Sie die Früchte an einem warmen Platz im Haus nachreifen lassen. Wickeln Sie die Tomaten einfach in Zeitungspapier oder verpacken Sie sie in einer Papiertüte. Licht ist für das Nachreifen nicht erforderlich. Schon nach wenigen Tagen färben sich die Tomaten rot. Sie können den Vorgang beschleunigen, wenn Sie ein paar Äpfel, die ebenfalls Ethylen ausscheiden, mit in die Tüte packen.

Grünkohl und Rosenkohl können den ganzen Winter über im Hochbeet stehen bleiben.

Der dekorative buntstielige Mangold liefert laufend frische Blätter.

Tomaten und Paprika tragen weiterhin Früchte. Es dauert aber zunehmend länger, dass diese auch ausfärben. Ende September wird es daher Zeit, die restlichen Tomaten zu pflücken und im Haus nachreifen zu lassen. Paprika und Chili reifen nicht nach, können aber grün verzehrt werden.

Kräuter- und Gemüseernte im Herbst

Auch im Herbst gibt es frisches Gemüse und Kräuter vom Hochbeet. Dem Basilikum wird es im September allerdings zu kalt. Es wächst nicht mehr und bekommt leicht Pilzkrankheiten. Ernten Sie es deshalb komplett ab. Die Petersilie liefert weiterhin frische Blätter. Vom Mangold werden laufend die ältesten Blätter gepflückt und auch die ersten Rote Bete können geerntet werden. Ziehen Sie immer die größten Rüben aus der Reihe. Die Kleineren haben dann Platz, sich noch weiterzuentwickeln. Winterporree und Grünkohl habe eine lange Kulturzeit und brauchen deshalb noch etwas Zeit, um im Hochbeet zu wachsen.

Neustart mit Wintersalaten

Frische Salate bis in den Winter hinein aus eigenem Anbau – das ist mit der Aussaat von Feldsalat und Postelein, auch Winterportulak genannt, möglich.

BEPFLANZUNG IM FRÜH- UND VOLLHERBST

Gemüse	Sorten	Bemerkung	Alternative
1 Endivien	'Escariol grün', 'Eros'	4 Jungpflanzen kaufen oder Anzucht 6 Wochen vorher beginnen	Zuckerhut, Radicchio
2 Feldsalat	'Elan', 'Vit', 'Amely'	Saatgut kaufen, Direktaussaat oder Anzucht 4–6 Wochen vorher beginnen	Postelein, Spinat
3 Postelein	es gibt keine Sorten	Saatgut kaufen, Direktaussaat oder Anzucht 4–6 Wochen vorher	Feldsalat, Spinat

Feldsalat kann direkt in Reihen ins Beet gesät werden. Er keimt sogar noch bei 5 °C. Man kann ihn aber auch in kleinen Töpfen vorziehen. Vorgezogene Pflanzen haben einen Wachstumsvorsprung und werden meistens noch im Herbst erntereif.
Postelein wird direkt gesät. Die Saat keimt erst, wenn es kühler wird, sodass der Anfang des Vollherbstes ein guter Zeitpunkt dafür ist. Nach der Ernte wächst Postelein meistens noch einmal nach.

SPÄTHERBST UND WINTER

Auch im Spätherbst und Winter ist das mit saisonalem Gemüse bestückte Hochbeet keinesfalls leer. Man kann in diesen Jahreszeiten zwar nichts Neues pflanzen, wenn Sie aber im Spätsommer und Frühherbst gut vorgesorgt haben, kann jetzt die Ernte der Wintergemüse beginnen. Sie kann sich bis ins Frühjahr ziehen, sofern die Menge an Gemüsepflanzen, die Sie gesät und gepflanzt haben, ausreicht. Decken Sie den Boden im Hochbeet jedoch unbedingt mit Laub ab, damit das Gemüse vor den gefährlichen Kahlfrösten geschützt ist.

Nur bedingt frosthart

Trotz ihrer festen Blätter sind Endivien nicht besonders frosthart. Sie vertragen kurzzeitig bis zu -5 °C, sollten aber vor einer längeren Frostperiode abgeerntet sein. Nach der Ernte können Sie die Salatköpfe noch mehrere Wochen lagern. Das überstehen die Pflanzen am besten, wenn man sie an einem trockenen Tag samt Wurzel erntet und in Zeitungspapier eingerollt in eine Kiste legt. Die Kiste braucht einen kühlen und trockenen Platz, z. B. im Keller, in der Garage oder auf dem Balkon.
Rote Bete sind ebenfalls nur bedingt frosthart. Bei Temperaturen unter -5 °C erfrieren auch sie. Doch auch die Beten sind geerntet lagerfähig. Ernten Sie die Rüben sehr vorsichtig. Sie sollten unbedingt unverletzt bleiben, da sie sonst beim Kochen »ausbluten«.
Rote Bete halten sich gut in einer Kiste mit feuchtem Sand. Näheres dazu finden Sie auf Seite 121.
Da der Mangold im nächsten Frühjahr noch einmal weiterwächst und noch einmal geerntet werden kann, sollte er unbedingt über Winter auf dem Beet bleiben. Bei sehr tiefen Temperaturen schützen Sie ihn am besten mit einer Abdeckung aus Vlies.

Frosthart zu 100 Prozent

Zu den typischen Wintergemüsen, die in unseren Breiten den Winter mühelos überstehen, gehören Winterporree und Grünkohl. Auch der Petersilie, dem Postelein und dem Feldsalat können kalte Temperaturen nichts anhaben.
Porreesorten, deren Blätter bläulich erscheinen, sind besonders frostfest, denn sie haben eine dicke Wachsschicht auf den Blättern. Die Stangen können

Im Spätherbst ist noch viel Gemüse da. Rote Bete und Endiviensalat vertragen leichten Frost, sollten aber vor dem Winter geerntet sein. Mit dem anderen Gemüse können Sie sich länger Zeit lassen.

Feldsalat ist extrem robust. Selbst wenn seine Blätter im Winter durchfrieren, wächst er im Frühjahr weiter.

fortlaufend, etwa ab November geerntet werden, solange der Boden nicht durchgefroren ist. Ernten Sie immer die dicksten Pflanzen, die dünneren bleiben noch stehen.
Für den Grünkohl sind winterliche Minusgrade ebenfalls kein Problem. Ganz im Gegenteil, seine Blätter werden von Tag zu Tag milder und schmackhafter. Der Grund dafür ist der bei tiefen Temperaturen verlangsamte Stoffwechsel der Pflanzen. Der tagsüber in den Blättern gebildete Zucker wird nicht mehr abgebaut oder in die Wurzeln transportiert, sondern direkt in den Blättern eingelagert.

Wintersalate nicht gefroren ernten

Haben Feldsalat und Postelein es geschafft, noch vor Einbruch des Winters eine erntefähige Größe zu erlangen, kann den ganzen Winter über geerntet werden. Schneiden Sie die Salate jedoch nicht in gefrorenem Zustand. Nach dem Auftauen sind sie sonst welk oder gar matschig. Warten Sie, bis die Blätter in der Mittagszeit aufgetaut sind. Schneiden Sie die Blattrosetten vom Feldsalat direkt tief am Wurzelhals, damit sie nicht auseinanderfallen. Postelein erntet man mit einer Schere etwa 3 cm über dem Boden ab. Bleibt das Herz der Rosetten stehen, wächst noch einmal eine zweite Ernte nach. Sind die Feldsalatpflanzen und/oder die Postelein noch sehr klein, bevor es richtig kalt wird, gönnen Sie ihnen einfach eine Winterpause. Im Frühjahr setzt das Wachstum der Salate wieder ein und Sie können die Ernte dann im März oder April einfahren.

WIDERSTANDSFÄHIGE FELDSALATSORTEN

Besonders wenn Sie einen Frühbeetaufsatz über Winter auf Ihr Hochbeet setzen, sollten Sie beim Feldsalat unbedingt eine Sorte wählen, die widerstandsfähig gegenüber dem Falschen Mehltau ist. Von dieser Pilzkrankheit wird Feldsalat oft befallen. An sonnigen Tagen entsteht unter dem Frühbeet schnell hohe Luftfeuchtigkeit, die für die Verbreitung des Pilzes förderlich ist. Widerstandsfähig sind 'Vit' und 'Elan'.

DAS 365-TAGE-HOCHBEET FÜR ROHKOSTFANS

Mit dieser Bepflanzung kommen Rohkostfans voll auf ihre Kosten, denn sie liefert das ganze Jahr über knackige Gemüse, frische Salate und aromatische Kräuter für die Salatschüssel und den Rohkostteller.

Alle Gemüsearten aus dem Rohkostbeet kann man ungekocht verzehren. Selbst die Kohlköpfe, die im Spätherbst geerntet werden, sind für den Salatteller geeignet. Zudem sind sämtliche vorgeschlagenen Sorten ausdrücklich auch als Rohkost empfohlen. Das Beet bietet reichlich Abwechslung, denn viele Arten sind schnellwüchsig, sodass einige Reihen dreimal in einer Vegetationsperiode bepflanzt werden können.

ERST- UND VORFRÜHLING

Viele Gemüsearten können schon früh im Jahr gesät oder gepflanzt werden. In der Regel verkraften die für dieses Hochbeet vorgeschlagenen Pflanzen Temperaturen von bis zu -5 °C. Sicherer ist es jedoch, das Beet in Frostnächten mit einem Vlies abzudecken. Sie können auch eine Frühbeethaube einsetzen, darunter wachsen die Pflanzen schneller, denn

Mit verschiedenen Salaten, Möhren, Spinat und Frühlingszwiebeln gehen Sie mit dem Rohkostbeet im Frühjahr an den Start. Die kälteunempfindlichen Gemüsearten können unter einem Frühbeet schon im Erstfrühling ausgesät oder gepflanzt werden.

die Luft und der Boden unter den Plexiglasscheiben oder dem Folientunnel erwärmt sich an sonnigen Tagen deutlich. Besitzen Sie keinen Frühbeetaufsatz oder Folientunnel, warten Sie mit der Bepflanzung, bis die Erstfrühlingsboten, wie z. B. die Forsythie, anfangen zu blühen.

Komplettes Beet bepflanzen

Der Bepflanzungstermin im Frühjahr macht die meiste Arbeit, denn oft muss das Beet zu dieser Zeit komplett neu bepflanzt werden. Das macht auf der einen Seite Spaß, erfordert auf der anderen Seite aber Aufmerksamkeit und etwas Mühe. Achten Sie darauf, dass die Reihenabstände stimmen, und halten Sie die Abfolge der verschiedenen Gemüse ein. Die Pflanzen sind so ausgesucht, dass benachbarte Arten nicht miteinander verwandet sind und sich gut vertragen.

Die Mischung aus verschiedenen Asia-Salaten ist nach der Ernte noch einmal nachgewachsen.

In der Mitte beginnen

Markieren Sie zuerst die Beetmitte und ziehen Sie dort eine Rille, in der Sie Frühmöhren aussäen. Kennzeichnen Sie die Reihe mit einem Etikett.

BEPFLANZUNG IM ERST- UND VORFRÜHLING

Gemüse	Sorten	Bemerkung	Alternative
1 Asia-Salat	‘Green in Snow’, ‘Mizuna’, ‘Red Giant’	Saatgut kaufen, Direktsaat ins Beet	andere schnell wachsende Kreuzblütler wie Rucola
2 Spinat	‘Butterfly’, ‘Reddy’ (rotstielig)	Saatgut kaufen, Direktsaat ins Beet	Mangold ‘Charlie‘
3 Rucola	‘Ruca’, ‘Speedy’	Saatgut kaufen, Direktsaat ins Beet	Wilde Rauke, wächst langsamer, schmeckt würziger
4 Frühlingszwiebeln	‘Ischikrona’, ‘Red Toga’	Saatgut kaufen und direkt säen oder 8 Wochen vorher Anzucht an einem hellen Platz	Winterheckenzwiebeln, sind allerdings mehrjährig
5 Möhren	‘Milan’, ‘Finn’	Saatgut kaufen, unbedingt frühe Sorte wählen, späte haben längere Kulturzeit	Pastinaken, erst ab April säen
6 Romanasalat	‘Forellenschluss’	6 Jungpflanzen kaufen, im Winter zu wenig Licht für eigene Anzucht	andere Salate, z. B. Multileaf-Salat
7 Radieschen	‘Rudi’, ‘Sora’ (rot), ‘Eiszapfen’ (weiß)	Saatgut kaufen, im Frühjahr und Herbst keine Sommersorten anbauen	andere Sorten ausprobieren, z. B. ‘French Breakfast‘
8 Eichblattsalat	‘Piro’ (grün), ‘Red Salad Bowl’ (rot)	6 Jungpflanzen kaufen, im Winter zu wenig Licht für eigene Anzucht	andere Salate

Oberhalb der Möhren pflanzen Sie im Abstand von 25 cm vorgezogene Frühlingszwiebeln. Mit jeweils 20 cm Abstand folgen je eine Reihe Rucola, Spinat und Asia-Salat. Alle drei Arten werden direkt ins Beet gesät. Unterhalb der Möhren in der Beetmitte pflanzen Sie im Abstand von 25 cm eine Reihe Romanasalat, z. B. die Sorte 'Forellenschluss', die für den frühen Anbau geeignet ist. 20 cm neben dem Salat ziehen Sie eine Reihe für Radieschen. Darauf folgt, wieder im Abstand von 20 cm, eine Reihe vorgezogene Eichblattsalate. Zum Schluss säen Sie noch eine zweite Radieschensorte, etwa 20 cm neben dem Salat. Kennzeichnen Sie alle Reihen mit Stecketiketten und gießen Sie das Beet mit einer Gießkanne mit Brause gut an.

Pflege im Frühlingsbeet

Halten Sie die Erde im Beet gleichmäßig feucht und lüften Sie das Frühbeet an sonnigen Tagen.
Wenn Radieschen und Möhren nach der Keimung zu dicht stehen, werden so viele Sämlinge ausgezupft, dass die übrigen Pflanzen einen Abstand von etwa 2–3 cm in der Reihe haben und sich gut entwickeln können.

Im Vollfrühling sind Asia-Salat, Spinat und Rucola abgeerntet. Sie machen Platz für zwei Gurkenpflanzen, die über den Rand wachsen dürfen. Ergänzung: ein Borretsch. Unten pflanzt man Kräuter.

VOLLFRÜHLING UND FRÜHSOMMER

Im Vollfrühling und Frühsommer werden wärmebedürftige Gewächse schließlich ins Freiland ausgepflanzt. Am sichersten ist es, wenn Sie sich damit bis Mitte Mai gedulden, denn nach den Eisheiligen sind in der Regel keine Frostnächte mehr zu erwarten. Vor der Neupflanzung steht aber zunächst einmal die erste Ernte an.

Ernte im Vollfrühling und Frühsommer

Radieschen, Rucola, Spinat und Asia-Salat sind Gemüsearten mit einer relativ kurzen Kulturzeit. Im Frühjahr brauchen sie etwa 6–8 Wochen von der Aussaat bis zur Ernte. Der Erntebeginn ist allerdings vom Wetter abhängig und davon, ob Sie einen Frühbeetaufsatz verwenden.
Von den Radieschen werden immer die größten Knollen geerntet. Asia-Salat und Rucola schneiden Sie, wenn die Blätter etwa 10 cm lang sind. Vom Spinat nehmen Sie nach und nach die äußeren Blätter, dann wachsen immer wieder weitere Blätter nach und Sie können so lange ernten, bis die Pflanzen beginnen, Blüten zu bilden. Mit der Blütenbildung wird die Salaternte eingestellt, da die Blätter dann bitter schmecken.

Gemüse, das noch stehen bleibt

Die Ernte von Eichblatt- und Kopfsalat beginnt ebenfalls im Vollfrühling, zieht sich aber etwas länger hin, nämlich bis zum Ende des Frühsommers. Den Eichblattsalat können Sie als Pflücksalat kultivieren und laufend die größten Blätter ernten. Er

Die Gurkenpflanze wird von einem Gurkenträger gehalten. Die Rankhilfe aus feuerverzinktem Stahl wird bogenförmig gespannt am Beetrand befestigt.

Radicchio ist ein leicht bitterer Zichoriensalat. Er kommt ab Ende Mai ins Hochbeet. Jungpflanzen ziehen Sie am besten selber an.

wächst eine ganze Weile von innen heraus nach. Sie können aber auch warten, bis sich ein lockerer Kopf geformt hat, der dann im Ganzen geschnitten wird. Kopfsalat hingegen ernten Sie erst, wenn er einen richtigen Kopf gebildet hat. Möhren und Frühlingszwiebeln wachsen im Vollfrühling und Frühsommer noch weiter. Ihre Ernte erfolgt später.

Nachpflanzen im Vollfrühling

Auf der oberen Beethälfte entsteht durch die Ernte der Blattsalate ein größeres freies Beetstück. An dieser Stelle ziehen den Sommer über Gurkenpflanzen ins Beet ein. Sie können die Pflanzen einfach über den Beetrand ranken lassen oder an einer Rankhilfe ziehen. Im Hochbeet können Sie problemlos Frei-

BEPFLANZUNG IM VOLLFRÜHLING UND FRÜHSOMMER

Gemüse	Sorten	Bemerkung	Alternative
1 Gurke	'Iznik', 'Silor', 'Lothar' (Mini-Gurken)	2 Jungpflanze kaufen oder Anzucht 6 Wochen vorher beginnen	Landgurken, z. B. 'Delfs Nr.1', 'Tanja', oder Zucchini
2 Radicchio	'Palla Rossa' (rund) 'Granato' (länglich)	6 Jungpflanzen kaufen oder Anzucht 6 Wochen vorher beginnen	Zuckerhut
3 Borretsch	---	Saatgut kaufen, Direktsaat oder Anzucht 6 Wochen vorher beginnen	Zuckerhut
4 Petersilie	'Mooskrause', 'Grüne Perle', 'Gigante d'Italia'	2 Töpfe kaufen oder Anzucht 8 Wochen vorher beginnen	Schnittsellerie
5 Schnittlauch	'Schmitt' (dünne Röhren) 'Gonzales' (grob)	3 Töpfe kaufen oder Anzucht 8 Wochen vorher beginnen	Winterheckenzwiebeln

landgurken anpflanzen. Aber auch einige Mini-Schlangengurken sind sehr gut für das Hochbeet geeignet. Um die richtigen Sorten zu bekommen, ziehen Sie die Pflanzen am besten selber an. Zu den Gurken setzen Sie Borretsch, dessen Blüten und Blätter sehr gut in Blattsalaten schmecken.
Auf der unteren Beethälfte kann in den abgeernteten Radieschenreihen nachgepflanzt werden. An den unteren Hochbeetrand setzen Sie Schnittlauch und Petersilie. Die zweite freie Reihe wird mit Radicchio bepflanzt. Die dunkelroten, leicht bitter schmeckenden Blätter bereichern Ihren Salatteller im Herbst sowohl geschmacklich als auch optisch.

HOCH- UND SPÄTSOMMER

In der heißen Jahreszeit ist eine ausreichende Wasserversorgung im Hochbeet sehr wichtig. Für die Pflanzengesundheit ist es am besten, in den frühen Morgenstunden zu wässern. Manchmal ist zudem eine zusätzliche Kanne Wasser am Abend nötig. Gießen Sie nur auf die Erde, ohne die Blätter zu befeuchten. So vermeiden Sie Verbrennungen und beugen Pilzkrankheiten vor.

Diese Gemüse machen Platz

Gleich zu Beginn des Hochsommers stehen Möhren und Frühlingszwiebeln für die Ernte bereit. Sie können der Größe nach aus den Reihen gezogen werden und räumen ihren Platz im Beet Mitte bis Ende Juli. Zum gleichen Zeitpunkt sind auch die letzten Romana- und Eichblattsalate abgeerntet. Die freien Reihen können wieder neu bepflanzt werden.

Diese Arten bleiben bis Ende des Sommers

Den Sommer über stehen die Gurken im Vollertrag. Fast täglich kann geerntet werden. Kappen Sie den Haupttrieb der Pflanzen, wenn er eine Länge von 80–100 cm erreicht hat, damit wird der Austrieb der Seitenknospen angeregt. Auch an diesen Trieben fruchten die Gurken unaufhörlich. Treiben sehr viele Seitentriebe aus, schadet es der Pflanze nicht, wenn Sie einige entfernen.
Der im Frühsommer gepflanzte Radicchio braucht seinen Platz im Hochbeet bis in den Herbst hinein.

Im Hoch- und Spätsommer sind viele Gurken zu ernten. Sie stehen im Vollertrag. In der Beetmitte wird mit der Pflanzung von Chinakohl, Weiß- und Rotkohl Vorsorge für den Winter betrieben.

Erst dann können die ersten Köpfe geerntet werden. Die Petersilie ist zweijährig. Die Ernte der Blätter beginnt im Hochsommer und endet, mit einer Unterbrechung im Winter, im nächsten Frühsommer mit der Blütenbildung. Der Schnittlauch treibt nach der ersten Ernte noch einmal durch, bildet ab dem zweiten Standjahr dann aber sehr schnell Blüten, die übrigens auch essbar sind. Schneiden Sie die Pflanzen nach der Blüte wieder eine Handbreit über dem Boden zurück, treiben sie ein weiteres Mal Röhren.

Rotkohl bringt mit seinem blauvioletten Blättern viel Farbe ins Beet.

Neupflanzungen für die Winterernte

In den freien Reihen im Hochbeet werden im Hochsommer die Grundlagen für die Spätherbst- und Wintergemüseernte gelegt. Endivien und verschiedene Kohlpflanzen ziehen im Beet ein.

Rot- und Weißkohl haben eine sehr lange Kulturzeit und sollten noch im Hochsommer gepflanzt werden. Beide Kopfkohlarten gehören zu den eher ausladenden Pflanzen. Bei einer Beetbreite von 1,2 m genügen drei Kohljungpflanzen, auch wenn Ihnen die Pflanzabstände zunächst zu groß erscheinen. Chinakohl dagegen wächst viel schneller. Ihm reichen etwa 100 Tage von der Aussaat bis zur Ernte. Es reicht, wenn Sie ihn im Spätsommer pflanzen. Endivien wachsen schneller als Kohl. Dennoch werden Sie spätestens im August gepflanzt, denn sie sind nur

BEPFLANZUNG IM HOCH- UND SPÄTSOMMER

Gemüse	Sorten	Bemerkung	Alternative
1 Chinakohl	'Granat', 'Enduro'	6 Jungpflanzen kaufen oder Anzucht 6 Wochen vorher beginnen	Pak Choi, schnellwüchsiger, aber nicht gut lagerfähig
2 Endivien	'Escariol grün'	4 Jungpflanzen kaufen oder Anzucht 6 Wochen vorher beginnen	Zuckerhut
3 Weißkohl	'Donator', 'Dottenfelder Dauer'	2 Jungpflanzen kaufen oder Anzucht 6 Wochen vorher beginnen	Spitzkohl, kann auch roh verzehrt werden
4 Rotkohl	'Roodkoop', 'Granat'	1 Jungpflanze kaufen oder Anzucht 6 Wochen vorher beginnen	Spitzkohl, es gibt auch rote Sorten, z. B. 'Kalibos'

mäßig frosttolerant. Die Escariol-Typen des Endiviensalats halten Temperaturen bis zu - 5 °C aus, die Frisee-Typen vertragen gar keinen Frost und sollten daher Mitte Oktober geerntet sein.

Jungpflanzen selber anziehen

In den meisten Gartencentern geht die Saison für Jungpflanzen im Frühsommer zu Ende. Denken Sie daher Anfang Juli daran, die gewünschten Kohl- und Endiviensorten auszusäen und später in kleine Töpfe zu pikieren.

FRÜH- UND VOLLHERBST

Im Früh- und Vollherbst bleibt das im Hoch- und Spätsommer gepflanzte Gemüse an seinem Platz. Es nutzt die warmen Herbstwochen zum Wachsen. Das gilt auch für Petersilie und Schnittlauch, die weiterhin beerntet werden können.
An anderen Stellen finden im Rohkost-Hochbeet noch einmal »Umbaumaßnahmen« statt. Einige Gemüsearten gehen, ihre Erntezeit neigt sich dem Ende zu. Für andere geht es jetzt erst los. Sie können entweder als Jungpflanzen gesetzt oder direkt ins Beet ausgesät werden.

Die Gurkensaison ist beendet

Fruchtgemüse haben im Hoch- und Spätsommer ihren großen Auftritt im Hochbeet. Im September geht ihre Zeit zu Ende. Gurkenpflanzen sind sehr empfindlich gegenüber Pilzkrankheiten, wie z. B. dem Echten und dem Falschen Mehltau. Der Echte Mehltau tritt in trockenen und heißen Sommern auf, Falscher Mehltau dagegen bei feuchter und kalter Witterung. Oftmals lässt der Ertrag deshalb schon Anfang September deutlich nach. Dennoch hat man in manchen Jahren aber auch Glück und die Gurken tragen bis Ende September.

Wintersalate direkt säen oder vorziehen

Entfernen Sie die Gurken Anfang September, bleibt für die Wintersalate so viel Zeit, dass sie direkt ins Beet ausgesät und noch im Spätherbst geerntet werden können. Lockern Sie den Boden und füllen Sie etwas Erde nach, falls die Gurkenballen große Löcher hinterlassen haben. Dann ziehen Sie zwischen Chinakohl und oberem Beetrand zwei 1,5 cm tiefe Rillen und streuen in die oberste Samen von Winterpostelein und in die untere Feldsalat. Schließen Sie die Rillen und gießen Sie die Saat gut an.
Sind Ihre Gurkenpflanzen Anfang September noch gesund und tragen noch Früchte, lassen Sie sie weiterhin im Beet stehen. Ziehen Sie den Feldsalat und die Postelein in diesem Fall in kleinen Töpfen vor. Pflanzen Sie diese dann später, sobald Sie die Gurkenpflanzen entfernt haben, im Hochbeet aus.
Tipps und Tricks für die Anzucht von Feldsalat und Postelein finden Sie auf Seite 139.

Feldsalat, Postelein und Erbsensprossen werden im Herbst ins Hochbeet gesät oder als vorgezogene Jungpflanzen gesetzt. Weil es sie im Gartencenter nicht gibt, ziehen Sie sie selber vor.

Ab einer Höhe von etwa 10 cm könnten die Triebspitzen der Erbsenpflanzen geerntet und roh in einen Salat geschnitten werden.

Postelein, auch Winterportulak genannt, ist ein typischer Wintersalat, der – wie Feldsalat – bis ins nächste Frühjahr im Beet stehen kann.

Erbsensprossen: Mal was Neues probieren
Erbsen werden eigentlich im Frühling gesät, mit der Absicht, im Frühsommer die Hülsen zu ernten. Es gibt aber noch eine weitere Möglichkeit. Säen Sie Erbsen im Vollherbst aus, keimen die kältetoleranten Pflanzen ebenfalls sehr zuverlässig. Etwas schneller geht es, wenn Sie die Erbsenpflanzen vorziehen. Lassen Sie die Samen über Nacht in lauwarmem Wasser quellen und säen Sie anschließend zwei bis drei Samen in kleine Töpfe. Sobald die Pflänzchen etwa 5 cm hoch sind, setzen Sie diese ins Hochbeet. Der nach und nach abgeerntete Radicchio gibt neuen Platz dafür frei. Solange es keinen sehr frühen Wintereinbruch gibt, schaffen es die Sämlinge, sich noch im Herbst zu einer 10 cm großen Pflanze zu entwickeln. Ab diesem Zeitpunkt können die zarten Triebe – die Erbsensprossen – geerntet und roh verzehrt werden. Schneiden Sie nur die Spitzen ab, treiben die Pflanzen aus den Blattachseln nach und können mehrfach beerntet werden. Geschmacklich sind die Sprossen den Erbsenfrüchten sehr ähnlich. Für den späten Anbau im Herbst wählen Sie für die Anzucht von Erbsensprossen am besten eine Sorte aus der Gruppe der Palerbsen.

BEPFLANZUNG IM FRÜH- UND VOLLHERBST

Gemüse	Sorten	Bemerkung	Alternative
1 Erbsensprossen	'Kleine Rheinländerin'	Saatgut kaufen, kältetolerante Palerbsen eignen sich am besten	---
2 Feldsalat	'Elan', 'Vit', 'Amely'	Saatgut kaufen, Direktaussaat oder Anzucht 4–6 Wochen vorher beginnen	Postelein, Spinat
3 Postelein	es gibt keine Sorten	Saatgut kaufen, Direktaussaat oder Anzucht 4–6 Wochen vorher beginnen	Feldsalat, Spinat

Diese Erbsengruppe ist kältetolerant. Markerbsen und Zuckerschoten brauchen dagegen Wärme und wachsen im Herbst nicht so gut.

SPÄTHERBST UND WINTER

Auch im Spätherbst und Winter können Sie Ihren Rohkostteller mit der Ernte aus dem Hochbeet füllen. Mit sieben verschiedenen Gemüsearten und zwei verschiedenen Kräutern ist die Auswahl immer noch sehr groß. In durchgängigen Frostperioden muss die Ernte pausieren. Chinakohl, Weißkohl, Rotkohl und die Endivien können Sie allerdings auch vor dem Winter ernten und einlagern.

Endivien im Spätherbst ernten

Noch im Spätherbst, bevor die ersten Frostnächte kommen, muss der Endiviensalat geerntet sein, Friseesorten verbrauchen Sie am besten sofort. Die festen Köpfe der Escariolsorten sind dagegen lagerfähig. Wie Sie diese einlagern, lesen Sie auf Seite 121.

Kohlernte

Chinakohl ist diejenige der drei Kohlarten im Rohkosthochbeet, die am schnellsten wächst. Ist er im August gepflanzt, kann im Oktober mit der Ernte begonnen werden. Chinakohl verträgt keinen Dauerfrost. Einzelne kalte Nächte bis -5° C schaden ihm aber nicht. In den meisten Jahren ist es kein Problem, den Chinakohl bis Mitte Dezember im Beet zu lassen und nach und nach zu ernten.

Weißkohl und Rotkohl sind frosthärter als Chinakohl, aber nur, wenn die Köpfe dick und ausgereift sind. Stressiger als Kälte ist für den Kohl dagegen wechselhaftes, kühl-feuchtes Wetter. Unter solchen Bedingungen können die Köpfe leicht platzen und

Im Spätherbst und im Winter lichten sich die Reihen im Rohkostbeet. Jetzt wird nur noch geerntet. Nutzen Sie dafür frostfreie Tage. Die nächste Pflanzung oder Aussaat erfolgt erst im kommenden Frühjahr.

KOHL ROH VERZEHREN

Kohl ist sehr mineralstoff- und vitaminreich. Verzehrt man ihn roh, profitiert man am meisten von seinen wertvollen Inhaltsstoffen. Oftmals muss sich der Körper aber erst daran gewöhnen. Anfangs sind große Kohlmengen roh zubereitet schwer verdaulich und verursachen Blähungen. Beginnen Sie daher mit nur kleinen Portionen. Zudem können Sie mit verschiedenen Kräutern Abhilfe schaffen. Kreuzkümmel, Fenchel und Ingwer wirken Blähungen entgegen und können für die Zubereitung des Dressings verwendet werden.

von Pilzkrankheiten befallen werden. Eine andere Möglichkeit, sich über den Winter mit eigenem Gemüse zu versorgen, ist die Lagerung in einer Erdmiete.

EINE ERDMIETE IM HOCHBEET ANLEGEN

Optimal für die Lagerung von Wintergemüse sind Dunkelheit, eine hohe Luftfeuchte und Temperaturen zwischen 0 und 10 °C. Solche Bedingungen lassen sich ohne großen Aufwand im Spätherbst in einer Erdmiete schaffen. Ist das Gemüse im Hochbeet weitgehend abgeerntet, können Sie es relativ einfach in ein Gemüselager umwandeln. Sie brauchen dafür lediglich eine Holzkiste, die Sie mit einem Vlies ausschlagen, Sand, Stroh und eine Abdeckung für die Kiste. Heben Sie im Beet eine Grube aus, die jeweils 10 cm breiter, länger und tiefer als die Holzkiste ist. Sind Feldsalat, Postelein und Erbsensprossen schon abgeerntet, lagern Sie die ausgehobene Erde einfach seitlich im Beet. Stehen die Salate noch, schaufeln Sie die Erde in große Kübel. Kleiden Sie die Grube zur Isolierung mit einer Lage Stroh aus. Darauf stellen Sie die mit Vlies ausgeschlagene Kiste.

Gemüse einschichten

Füllen Sie einige Zentimeter feuchten Sand in die Kiste und legen Sie den Kohl darauf. Auch Möhren, Porree, Rote Bete, Pastinaken und Knollensellerie, die Sie möglicherweise an anderer Stelle in Ihrem Garten geerntet haben, können in der Kiste eingelagert werden. Die Rüben, Knollen und Köpfe dürfen keine Verletzungen haben und werden deshalb vor der Einlagerung auch nicht gewaschen. Füllen Sie immer etwas feuchten Sand nach, sodass das Gemüse rundum eingebettet wird. Eventuell noch vorhandenen Endiviensalat schlagen Sie in Zeitungspapier ein und legen ihn ebenfalls in die Kiste.
Äpfel lagern Sie besser getrennt vom Gemüse. Äpfel geben das Reifegas Ethylen ab, das das Gemüse schneller welken lässt. Das Gleiche gilt für Birnen. Zum Schluss geben Sie eine dicke Schicht Stroh auf das Gemüse und decken das Lager mit einem Holzbrett ab. Die Abdeckung können Sie im Winter leicht entfernen und das Gemüse nach Bedarf entnehmen.

Eine Holzkiste in einer Grube im Hochbeet ist ein perfektes Gemüselager für den Winter.

Schichten Sie das Gemüse mit feuchtem Sand behutsam in die Kiste ein.

Decken Sie die Kiste mit Stroh und einem Brett ab. So hält sich das Gemüse mehrere Wochen.

DAS 365-TAGE-HOCHBEET FÜR DEN KRÄUTERANBAU

Kräuter auf Augen- und Nasenhöhe bescheren Ihnen vielerlei sinnliche Eindrücke: Riechen, schmecken und schauen Sie, was diese Bepflanzung alles bietet – von scharfer Kresse über würzigen Koriander bis zu herbem Salbei.

Aromatische Kräuter sind eine außerordentliche Bereicherung für die Küche. Vom Frühjahr bis in den Winter verfeinern sie Ihre Speisen mit würzigen Blättern und Blüten. Erweitern Sie das Hochbeet um ein paar Pflanzkübel, können Sie das Repertoire mit Arten ergänzen, die im Hochbeet zu groß werden oder sich zu stark ausbreiten. Die Töpfe können im Spätherbst in das Hochbeet eingelassen werden und dort überwintern.

VOR- UND ERSTFRÜHLING

Die meisten Küchenkräuter mögen es sonnig, die Ansprüche an den Boden sowie der Wasser- und Nährstoffbedarf sind aber sehr verschieden.

Das Beet in Pflanzzonen einteilen

Um ein breites Spektrum an Kräutern pflanzen zu können, ist es sinnvoll, im Hochbeet zwei verschie-

Kräuter haben unterschiedliche Ansprüche an den Boden. Darum werden in dem großen Kräuterhochbeet verschiedene Pflanzbereiche geschaffen. Alternativ können Sie für Kräuter auch zwei kleine Hochbeete mit unterschiedlichen Substraten aufbauen.

dene Pflanzzonen einzurichten. Eine Zone ist für mediterrane Kräuter bestimmt, die eher trocken gehalten werden und nur wenige Nährstoffe benötigen. Die Pflanzschicht dieser Zone wird im Beet mit eingelassenen Brettern abgetrennt und besteht aus einer mageren Kräutererde. In der zweiten Zone ist Platz für Kräuter, die mehr Wasser und Nährstoffe verlangen. Sie können in das gleiche Substrat gepflanzt werden, das für Gemüse empfohlen wird. Aus optischen Gründen hat das Beispielbeet drei Zonen, es wurde also mit zwei Brettern unterteilt: in der Mitte stehen die mediterranen Kräuter in dem mageren Substrat, in die Abteile rechts und links davon wurde jeweils nährstoffreicheres Substrat eingefüllt. Die

Mit Trennwänden kann man ein Beet in mehrere Bereiche teilen und mit verschiedenen Substraten füllen. So ist eine vielfältigere Bepflanzung möglich.

BEPFLANZUNG IM VOR- UND ERSTFRÜHLING

Gemüse	Sorten	Bemerkung	Alternative
1 Petersilie, glatt, kraus	'Einfache Schnitt', 'Gigante d'Italia', 'Grüne Perle', 'Mooskrause'	4 Töpfe kaufen oder Anzucht 8 Wochen vorher beginnen	---
2 Schnittlauch	'Schmitt', 'Miro' (feinröhrig), 'Gonzales' (grobröhrig)	4 Töpfe kaufen oder Anzucht 8 Wochen vorher beginnen	Schnittknoblauch, wird etwas später gepflanzt
3 Gartenkresse	---	Saatgut kaufen, Direktsaat ins Beet, Lichtkeimer	kein anderes Kraut wächst so schnell
4 Kerbel	'Massa' (glattblättrig), 'Fijne Krul' (kraus)	Saatgut kaufen, Direktsaat ins Beet, Lichtkeimer	---
5 Blattkoriander	'Cilantro', 'Cruiser'	Saatgut kaufen, Direktsaat ins Beet, Lichtkeimer	einzigartiger Geschmack
6 Gewürzfenchel	'Rubrum' (bronzefarben)	1 fertige Pflanze im Topf kaufen	nur für Laub einjährig anbauen
7 Liebstöckel	---	1 fertige Pflanze im Topf kaufen	---
8 Pfefferminze	'Agnes', 'Black Peppermint' (Sorten von *Mentha × piperita*)	1 fertige Pflanze im Topf kaufen	Minzen mit fruchtigem oder Schoko-Aroma
9 Zitronenmelisse	---	1 fertige Pflanze im Topf kaufen	Weiße Melisse, behält das Aroma auch im Tee
10 Wilde Rauke	---	Saatgut kaufen, Direktsaat ins Beet	Salatrauke

Pflanzen sind so angeordnet, dass die höheren Kräuter in der Beetmitte stehen, niedrige Pflanzen an den Rändern.

Petersilie und Schnittlauch pflanzen

In den nährstoffreicheren Zonen können Sie bereits im Vor- oder Erstfrühling mit den ersten Aussaaten und Pflanzungen beginnen. Petersilie und Schnittlauch werden als vorgezogene Jungpflanzen ins Beet gesetzt. Kaufen Sie Jungpflanzen, die für die Pflanzung im Garten angezogen worden sind. Töpfe aus dem Supermarkt sind für den sofortigen Verbrauch bestimmt. Weil diese Pflanzen nicht abgehärtet sind, gehen sie ein, wenn es noch kalt ist. Sie eignen sich deswegen weder für das Hochbeet noch für den Garten. Setzen Sie vom Schnittlauch jeweils zwei Töpfe in der Beetmitte an die Abgrenzung zur mediterranen Zone. Der Platz am Rand bleibt noch frei. Jeweils zwei Töpfe glatte und krause Petersilie finden ihren Platz in einer Ecke im Beet.

Direktaussaaten

Kerbel, Blattkoriander und Gartenkresse werden direkt ausgesät. Alle drei Arten sind Lichtkeimer. Ziehen Sie nur flache Rillen, in die Sie die Samen streuen. Drücken Sie das Saatgut mit der Handkante leicht an und bedecken Sie es höchstens 0,5 cm dick mit Erde. Die Wilde Rauke, die ebenfalls direkt gesät wird, gehört dagegen zu den Dunkelkeimern. Für sie ziehen Sie etwas tiefere Rillen und decken die Samen etwa 1 cm dick ab. Nach der Aussaat wird mit einer Brause angegossen.

In Töpfe pflanzen

Liebstöckel und Gewürzfenchel sind riesige Schönheiten. Die ausdauernden Pflanzen sind im ersten Jahr noch verhältnismäßig klein. Ab dem zweiten Standjahr bilden sie Blüten und werden an die 2 m hoch. Setzen Sie diese daher in große Kübel. Minze und Zitronenmelisse sind ebenfalls nur für Töpfe geeignet, weil sie stark wuchern und Nachbarpflanzen schnell verdrängen. Setzen Sie die Töpfe bis zum Vollfrühling an freie Stellen im Beet. Falls Sie einen Frühbeettunnel auf dem Hochbeet aufbauen, profitieren auch diese Kräuter davon.

VOLLFRÜHLING UND FRÜHSOMMER

Die ersten Kräuter können Sie schon im Vollfrühling ernten. Nach den langen Wintermonaten sind sie äußerst begehrt und schmecken besonders gut.

Nach der Pflanzung im Vollfrühling ist das Kräuterhochbeet voll belegt. Sobald die Pflanzen angewachsen sind, können Sie aus dem Vollen schöpfen.

Minze breitet sich stark aus und steht deshalb besser in einem großen Topf.

Sobald es wärmer wird und die Gefahr der Nachtfröste vorüber ist, ziehen die mediterranen Sonnenkinder ins Hochbeet ein. Auch in den frischen, nährstoffreicheren Zonen werden im Vollfrühling und Frühsommer noch Pflanzen ergänzt.

Ernte im Frühling

Schon 10–14 Tage nach der Aussaat können Sie Kresse ernten. Sie wächst extrem schnell und schmeckt, sobald die ersten echten Blätter ausgebildet sind. Geben Sie der Petersilie und dem Schnittlauch etwa 4 Wochen Zeit, um richtig einzuwachsen,

BEPFLANZUNG IM VOLLFRÜHLING UND FRÜHSOMMER

Gemüse	Sorten	Bemerkung	Alternative
1 Dill	'Delikat', 'Tetra-Dill', 'Vierling'	Saatgut kaufen, Direktsaat ins Beet	geschmacklich ohne Alternative
2 Kapuzinerkresse	meistens keine Sortenangabe	Saatgut kaufen, Direktsaat oder Anzucht 6 Wochen vorher beginnen	Gewürztagetes 'Orange Gem'
3 Basilikum	'Genoveser' (grün), 'Chianti' (rot)	2 Töpfe kaufen oder Anzucht 6 Wochen vorher beginnen	Thai-Basilikum, für die asiatische Küche
4 Schnittknoblauch	'Kobold'	4 Töpfe kaufen oder Anzucht 8 Wochen vorher beginnen	Schnittlauch
5 Borretsch	---	Saatgut kaufen, Direktsaat oder Anzucht 6 Wochen vorher beginnen	Drachenkopf, auch seine Blüten sind blau und essbar
6 Thymian	verschiedene Unterarten	2 fertige Pflanzen im Topf kaufen	*Thymus citriodorus* 'Cascada'
7 Bergbohnenkraut	---	1 fertige Pflanze im Topf kaufen	Majoran wächst an der gleichen Stelle
8 Rosmarin	'Arp', 'Veitshöchheim'	1 fertige Pflanze im Topf kaufen	Lavendel 'Hidcote Blue'
9 Salbei	'Tricolor', 'Purpurascens'	1 fertige Pflanze im Topf kaufen	geschmacklich ohne Alternative
10 Pimpinelle	---	1 fertige Pflanze im Topf kaufen	geschmacklich ohne Alternative
11 Oregano	---	1 fertige Pflanze im Topf kaufen	Majoran, nicht winterhart
12 Zitronenverbene	---	1 fertige Pflanze im Topf kaufen	Australisches Zitronenblatt, Orangenverbene

Dicht bewachsenes Kräuterhochbeet: Im Hintergrund die mediterranen Pflanzen, vorn Petersilie, Basilikum, Gewürztagetes und Kerbel in gedüngtem Substrat.

dann kann auch von diesen Kräutern geerntet werden. Kerbel, Blattkoriander und Wilde Rauke brauchen im Frühjahr nach der Aussaat ca. 8 Wochen, bis die ersten Blättchen verzehrt werden können.

Selber vorziehen oder zukaufen

Zu Hause auf der Fensterbank ist im Februar und März zu wenig Licht, um Pflanzen anzuziehen. Petersilie, Schnittlauch und die mediterranen Kräuter kaufen Sie daher besser als fertige Pflanzen. Kapuzinerkresse, Borretsch, Schnittknoblauch und Basilikum können Sie später leicht selber anziehen.

Mediterrane Kräuter pflanzen

Die im Vor- und Erstfrühling in der mittleren Zone eingesenkten Töpfe wandern jetzt vor das Hochbeet. Eine nicht winterharte Zitronenverbene ergänzt die Sammlung. Die Töpfe machen Platz für die mediterranen Kräuter. Sie bekommen diese im Gartencenter. Eine bessere Sortenauswahl haben Sie allerdings in speziellen Stauden- oder Kräutergärtnereien. Einige Spezialgärtnereien versenden ihre Pflanzen auch (→ Seite 170, Bezugsquellen). Alle mediterranen Kräuter in diesem Bepflanzungsvorschlag sind mehrjährig. Sie bleiben auch über den Winter im Beet. Setzen Sie die größten Pflanzen in die Beetmitte. In diesem Fall sind es der Rosmarin und der Salbei. Rechts und links von den hohen Pflanzen stehen die halbhohen, wie Pimpinelle und Bergbohnenkraut. An einen Hochbeetrand setzen Sie Thymian. Er bleibt bei regelmäßigem Schnitt relativ flach. An den gegenüberliegenden Rand pflanzen Sie einen Topf Oregano. Er wird sich ab dem zweiten Standjahr über den Rand hängend ausbreiten.

Pflanzen für die nährstoffreichere Zone

In beiden Randzonen ist noch viel Platz, sodass im Vollfrühling und Frühsommer noch einiges gesät und gepflanzt werden kann. Ab Ende April kann Dill ausgesät werden. Säen Sie ihn direkt in zwei Reihen, wie auf der Illustration zu sehen ist, ins Beet. Nach den Eisheiligen, ab Mitte Mai setzen Sie vor den Schnittlauch auf jeder Seite zwei vorgezogene rankende Kapuzinerkressen. Die zügig wachsenden Pflanzen hängen schon nach kurzer Zeit dekorativ über den Rand. Blüten und Blätter der Kapuzinerkresse sind essbar. Das gilt auch für die Blätter und die wunderschönen blauen Blüten des Borretschs, den Sie nahe an den Kerbel pflanzen. Sobald der Kerbel abgeerntet ist nimmt der Borretsch seinen Platz mit ein. Der vorgezogene Schnittknoblauch kann Anfang Mai gepflanzt werden. Das Basilikum braucht sehr viel Wärme und zieht deshalb erst im Juni ins Hochbeet ein.

HOCH- UND SPÄTSOMMER

Im Hoch- und Spätsommer können Sie Ihr Kräuterhochbeet vor allem genießen, denn außer gießen und ernten fallen kaum Arbeiten an. Lediglich ein zweiter Satz Wilde Rauke und ein zweiter Satz Koriander können ausgesät werden.

Platztausch Wilde Rauke und Koriander

Die im Vorfrühling gesäte Wilde Rauke und der Koriander können über einen langen Zeitraum beerntet werden. Sobald die Pflanzen in ihrer Wüchsigkeit nachlassen, lohnt es sich, noch einen zweiten Satz auszusäen. Möchten Sie eine Erntepause vermeiden, ziehen Sie die Pflanzen schon in kleinen Töpfen vor und setzen sie ins Beet. Die beiden Arten stammen aus unterschiedlichen Pflanzenfamilien. Um eine gesunde Fruchtfolge einzuhalten, sollten Sie bei der zweiten Aussaat unbedingt den Platz der Kräuter tauschen. Auf den Kreuzblütler »Wilde Rauke« folgt der Doldenblütler »Koriander« und umgekehrt. Achten Sie besonders im Sommer auf eine ausreichende Wasserversorgung der frischen Aussaaten oder Jungpflanzen.

Kräuter regelmäßig entspitzen

Für viele Kräuter ist es von Vorteil, wenn sie regelmäßig geschnitten werden. Das geschieht ganz automatisch bei der Ernte. Von Rosmarin, Thymian, Oregano, Basilikum und Bergbohnenkraut werden für die Küche Triebspitzen geschnitten. Dadurch verzweigen sich die Pflanzen und wachsen kompakt. Beim Basilikum knipsen Sie zudem regelmäßig die Blüten ab, damit sich mehr Blätter bilden. Borretsch wächst sehr schnell und fällt ab einer gewissen Größe auseinander. Schneiden Sie hin und wieder ein paar Triebe ab, damit er nicht zu groß wird.

Im Hoch- und Spätsommer blüht und duftet es im Kräuterbeet. Die Randzonen gießen Sie regelmäßig, die mediterrane Zone halten Sie trocken.

Schnittlauch und Schnittknoblauch

Schnittlauch und Schnittknoblauch erntet man durch Rückschnitt der Pflanzen etwa 3 cm über dem Boden. Sie können jede Pflanze drei- bis viermal im

Jahr schneiden, damit sie von unten wieder frisch austreiben.

Ab dem zweiten Standjahr beginnen die Pflanzen im Frühsommer zu blühen. Die Stängel werden dabei hart und schmecken nicht mehr. Wenn Sie vor der Blüte die Halme jedoch zurückschneiden, treiben die Pflanzen wieder frisches Grün. Sie können auch nur einen Teil der Stauden zurückschneiden und die anderen Pflanzen zur Blüte kommen lassen. Denn die Blüten sind sehr dekorativ. Sie sind außerdem essbar und liefern Nahrung für verschiedene Insekten wie Bienen, Hummeln und Schmetterlinge.

Tee aus frischen Kräutern

Kräuter dienen nicht nur zum Würzen in der Küche. Viele Arten eignen sich auch für die Zubereitung von Tees. Im Frühling und Sommer können Sie frische Blätter pflücken, in eine Teekanne oder ein Teeglas geben und mit kochendem Wasser aufbrühen. Minze und Zitronenverbene lassen sich auch gut mischen. Im Sommer sind solche Tees, auch kalt getrunken, köstliche, gesunde Durstlöscher. Frische Rosmarin-, Salbei- und Thymianblätter eignen sich ebenfalls für die Tee-Zubereitung.

Minze zum Trocknen ernten

Möchten Sie eigenen Minz-Tee auch im Winter genießen, schneiden Sie die Minze kurz vor der Blüte im Hochsommer eine Handbreit über dem Topfrand zurück. Die Minze hat zu diesem Zeitpunkt den höchsten Gehalt an ätherischen Ölen. Bündeln Sie die Triebe und hängen Sie sie zum Trocknen kopfüber an einem trockenen, schattigen Platz auf. Nach etwa 2–3 Wochen, wenn die Blätter rascheln und leicht zwischen den Fingern zerbröseln, streifen Sie sie ab und lagern sie in einer Dose.

FRÜH- UND VOLLHERBST

Auch nach dem Sommer ist das Kräuterhochbeet eine wahre Pracht. Sie können weiterhin ernten und Kräuter frisch in der Küche verwenden. Für einen Vorrat an getrockneten oder eingefrorenen Kräutern ist der Frühherbst der geeignete Erntezeitpunkt für zahlreiche Arten.

Kerbel aussäen

Neu ausgesät werden kann im Frühherbst ein zweiter Satz Kerbel. Er stand im Frühling schon einmal im Kräuterhochbeet. Im Sommer ist es für die fein-

Im Frühherbst können Sie Kräuter für den Wintervorrat ernten. Trocknen Sie abgeschnittene Triebe oder frieren Sie frisch geerntete Kräuter ein.

blättrigen Pflanzen jedoch oftmals zu heiß. Sie keimen dann nur unzureichend und gehen schon als kleines Pflänzchen in Blüte. Im Frühherbst kann man aber einen neuen Versuch starten. Platz macht dafür das Basilikum. Für die wärmeliebende Pflanze ist es im Herbst schon zu kalt im Freiland, sodass sie oftmals schon Anfang September kränkelt und deshalb besser aus dem Beet entfernt werden sollte. Lockern Sie den Boden auf und ziehen Sie zwei flache Rillen für den lichtkeimenden Kerbelsamen. Decken Sie die Saat nur dünn mit Erde ab und gießen Sie mit einer feinen Brause an. Der Kerbel benötigt in dem jetzt noch warmen Beet etwa 6 Wochen bis zur Ernte. Das Kraut ist kältetolerant und verträgt Frost. Sollten Sie spät gesät haben und können vor dem Winter nicht mehr ernten, überdauert der Kerbel und wächst im nächsten Frühjahr wieder weiter.

Kräuter zum Einfrieren ernten

Sind Ihre Petersilien-, Schnittlauch- und Schnittknoblauchpflanzen so groß geworden, dass Sie mehr als genug ernten können, lohnt es sich, einen Wintervorrat anzulegen. Ernten Sie, so viel Sie entbehren können. Es sollten allerdings genug Pflanzen für die

KRÄUTER DURCH STECKLINGE VERMEHREN

Möchten Sie mehrjährige Kräuter vermehren, ist der Frühherbst ein guter Zeitpunkt für die Stecklingsvermehrung. Dazu werden 5-8 cm lange Triebspitzen mit einem scharfen Messer abgetrennt und in einen Topf mit Anzuchterde gesteckt. Die Triebspitze sollte ausgereift, aber noch nicht verholzt sein und keine Blüten tragen. Überbrausen Sie die Stecklinge mit Wasser und ziehen Sie eine durchsichtige Tüte über den Topf, um die Luftfeuchtigkeit zu erhöhen. Nach einigen Wochen sind die Stecklinge bewurzelt und können ausgepflanzt werden. Geeignete Pflanzen für die Stecklingsvermehrung sind z. B. Minze, Zitronenverbene, Rosmarin, Salbei und Thymian. Triebe von der Minze schlagen sogar in einem Glas Wasser Wurzeln.

Getrocknete Minze ergibt einen schönen Vorrat für einen köstlichen Tee im Winter.

Verwendung in den nächsten Wochen auf dem Beet stehen bleiben, denn frisch geerntet ist das Aroma der Kräuter einfach unschlagbar.
Zum Einfrieren waschen Sie die Petersilie und schütteln sie trocken. Zupfen oder schneiden Sie die Blättchen von den Stielen und schneiden Sie sie mit einem scharfen Messer klein. Schnittlauch und Schnittknoblauch werden ebenfalls gewaschen und trocken getupft. Schneiden Sie die Halme am besten mit einer Schere in feine Röllchen. Breiten Sie die geschnittenen Kräuter dünn auf großen Brettern oder Tellern aus und frieren Sie sie mitsamt den Unterlagen ein. Am nächsten Tag sind die Kräuter durchgefroren, können in Gefrierdosen umgepackt und wieder in das Tiefkühlfach verfrachtet werden. Der Vorteil dieses Verfahrens ist, dass die Kräuter lose aufeinanderliegen und gut portioniert werden können.

SPÄTHERBST UND WINTER

Nach den ersten Frösten gibt es ein paar Veränderungen im Kräuterbeet. Die einjährigen Kapuzinerkressen sind erfroren und werden abgeräumt. Die anderen Kräuter bleiben auf dem Beet, werden aber winterfest verpackt.

Töpfe im Beet versenken

Im Spätherbst wird nach und nach ein Platz nach dem anderen auf dem Kräuterhochbeet frei. Die Kapuzinerkressen sind abgeräumt und die Wilde Rauke sowie der Blattkoriander abgeerntet. Alle winterfesten Kräuter, die außerhalb des Hochbeets in Töpfen standen, können jetzt wieder im Beet versenkt werden und dort sicher überwintern. Das Einsenken verhindert, dass der Topfballen durchfriert und die Pflanze kein Wasser mehr aufnehmen kann.
Die Zitronenverbene allerdings ist nicht winterhart. Sie würde, auch wenn sie relativ geschützt im Hochbeet steht, erfrieren. In einem kühlen Hausflur oder an einem vergleichbaren Platz kann sie jedoch den Winter gut verbringen.

Mediterrane Kräuter winterfest einpacken

Die im Hochbeet gepflanzten Mittelmeerkräuter sind allesamt winterfest, vorausgesetzt, Sie haben die richtigen Sorten gewählt. Wenn Sie nicht im Weinbauklima wohnen, ist vor allem beim Rosmarin eine robuste Sorte, z. B. 'Arp' oder 'Veitshöchheim', wichtig. Packen Sie die Kräuter vorsichtshalber mit einer dicken Schicht Laub ein. Das schützt vor allem bei Kahlfrösten, wenn eine Schneedecke fehlt. Auch für die eingesenkten Töpfe, die Petersilie, den Schnittknoblauch, den Schnittlauch und den Kerbel, ist eine Laubschicht ein guter Winterschutz.

Im Spätherbst wird das Kräuterbeet winterfest gemacht. Die Töpfe senkt man im Beet ein, sie überdauern dort, mit Laub abgedeckt, bis zum Frühjahr.

Schnittlauch treiben

Der Schnittlauch ist eine mehrjährige Pflanze. Er kann über den Winter auf dem Beet stehen bleiben.

Schnittlauch im Winter: Im Herbst Teilstücke in Töpfe pflanzen und später zum Treiben ins Haus holen.

Zitronenmelisse wird nach der Blüte zurückgeschnitten und treibt dann wieder durch.

Seine grünen Röhren welken im Herbst und sterben ab. So machen es alle mehrjährigen, krautigen Pflanzen, die man Stauden nennt. Sobald es im Frühjahr etwas wärmer und die Tage länger werden, treibt der Schnittlauch wieder frisch aus und kann etwa im April geerntet werden.

Möchten Sie auch im Winter nicht auf das frische Schnittlauchgrün verzichten, können Sie ihn auf der Fensterbank antreiben. Dazu müssen Sie die Pflanzen im Herbst, wenn sie zu welken beginnen, erst einmal etwa 5 cm über dem Boden abschneiden. Dann graben Sie die Schnittlauchpflanzen mit einer Pflanzschaufel aus und kürzen lange Wurzeln etwas ein. Mit einem scharfen Messer teilen Sie nun die Wurzelballen, je nach Größe in vier oder sechs Teile. Einige Teilstücke pflanzen Sie gleich wieder ein. Wenn Platz genug im Hochbeet vorhanden ist, setzen Sie den Schnittlauch an eine andere Stelle, um den Fruchtwechsel zu beachten.

Die übrigen Schnittlauchwurzelballen pflanzen Sie in Plastiktöpfe von etwa 12 cm Durchmesser in torffreie Blumenerde. Gießen Sie die Pflanzen an, damit keine Hohlräume im Topf entstehen. Die Töpfe bleiben zunächst im Hochbeet stehen. Senken Sie sie etwa bis zur Hälfte in das Beet ein, damit sie nicht umkippen. Die Pflanzen müssen nicht gegossen werden, sie können ruhig etwas eintrocknen. Schnittlauch braucht tiefe Temperaturen, damit er schließlich wieder austreibt. Sobald es so kalt war, dass die Töpfe einmal durchgefroren waren, können Sie nach Bedarf die einzelnen Töpfe nach und nach in die Küche holen und an einen hellen Platz auf der Fensterbank stellen. Beginnen Sie, die Schnittlauchtöpfe wieder zu gießen. Es wird nicht lange dauern, bis die Pflanzen frisches Grün treiben und geerntet werden können.

KRÄUTER ERST IM FRÜHJAHR ZURÜCKSCHNEIDEN

Schneiden Sie Kräuterpflanzen im Herbst nicht zurück. Eingetrocknete Blätter und Stängel sind ein natürlicher Winterschutz für die Pflanzen und bieten Insekten einen guter Unterschlupf zum Überwintern. Außerdem geben sie dem Beet im Winter eine Struktur, was optisch einen besonderen Reiz ausmacht. Einige Kräuter wie beispielsweise Fenchel und Liebstöckel tragen Samen bis in den Winter, die Vögeln als Nahrung dienen.

DAS 365-TAGE-HOCHBEET FÜR DIE ITALIENISCHE KÜCHE

Sie lieben die italienische Küche mit ihrem frischen Gemüse? Dann ist dieser Pflanzvorschlag genau richtig. Er bietet von Brokkoli über Rucola und Auberginen bis zu Borlotti-Bohnen und Puntarelle mediterrane Genüsse.

Die gesunde Mittelmeerküche, zu der auch die Landesküche Italiens gehört, hat bei uns viele Anhänger. Die Gerichte bestehen schwerpunktmäßig aus Gemüse. In dieser Bepflanzung finden Sie die typischen Vertreter der italienischen Küche, aber auch ein paar Spezialitäten, die man sonst nur in ausgewählten Fachgeschäften bekommt. Dazu zählen die Borlotti-Bohnen und die Puntarelle.

ERST- UND VORFRÜHLING

Schon früh im Jahr füllt sich das Beet mit typischen Gemüsepflanzen, die in Rezepten der italienischen Küche immer wieder auftauchen. Von Brokkoli und Pflücksalat besorgen Sie sich Jungpflanzen, die ab Anfang März in vielen Gartenmärkten angeboten werden. Knoblauch und Zwiebeln werden gesteckt, von den restlichen Kulturen kaufen Sie Saatgut. Achten Sie beim Einkauf der Samen darauf, dass sich die

Die italienische Küche ist leicht und bekömmlich. In den Rezepten wird viel Gemüse verwendet. Schon im Frühjahr pflanzen und säen Sie acht verschiedene Arten, die in typisch italienischen Gerichten Verwendung finden.

Sorten für den frühen Anbau eignen. Besonders bei Möhren ist es wichtig, eine frühe Sorte zu verwenden, denn diese hat eine deutlich kürzere Kulturzeit als spätere Sorten.

Das Beet einteilen

Messen Sie die Beetmitte aus, ziehen Sie eine gerade Rille und stecken Sie Zwiebeln im Abstand von 5 cm in die Reihe. Von der Beetmitte ausgehend, arbeiten Sie sich zu beiden Beetenden vor. Halten Sie von den Steckzwiebeln zu den Möhren einen Reihenabstand von 20 cm ein, zum Knoblauch und zum Roten Feldsalat ebenfalls. Ziehen Sie für alle Kulturen Rillen. Die Knoblauchzehen werden wie die Steckzwiebeln 2–3 cm tief in die Erde gedrückt. Vom Roten Feldsalat und von den Möhren streuen Sie Saatgut in die Rillen. Das Auflaufen der langsam keimenden Möhren können Sie mit einem Trick etwas beschleunigen (→ Tipp). Für den Brokkoli bleibt etwas mehr

SO KEIMEN MÖHREN SCHNELLER

Möhren haben besonders im kalten Frühjahr eine lange Keimzeit. Sie können das Auflaufen der Samen beschleunigen, wenn Sie sie vorkeimen. Dazu füllen Sie ein Marmeladenglas halb voll mit nassem Sand. Geben Sie das Saatgut zu dem Sand. Schließen Sie das Glas und schütteln Sie kräftig. Stellen Sie das Gefäß zwei Tage auf die warme Heizung und streuen Sie den Samen dann zusammen mit dem Sand in die Rille. Schon nach wenigen Tagen keimen die ersten Pflänzchen.

BEPFLANZUNG IM ERST- UND VORFRÜHLING

Gemüse	Sorten	Bemerkung	Alternative
1 Brokkoli	'Rasmus'	4 Jungpflanzen kaufen, im Winter zu wenig Licht für eigene Anzucht	Kohlrabi, etwas kürzere Kulturzeit
2 Roter Feldsalat	'Ovired'	Saatgut kaufen, Direktsaat ins Beet	Pflücksalat, Baby-leaf-Salat
3 Knoblauch	---	Knolle aus Bioanbau kaufen, einzelne Zehen stecken	Steckzwiebeln, etwas kürzere Kulturzeit
4 Frühe Möhren	'Milan', 'Fanal', 'Dolciva'	Saatgut kaufen, unbedingt frühe Sorte wählen, späte haben längere Kulturzeit	---
5 Steckzwiebeln	'Stuttgarter Riesen', (gelb), 'Red Kit' (rot)	Pflanzgut kaufen	Frühlingszwiebeln, Jungpflanzen vorziehen
6 Spinat	'Butterfly', 'Mannopa', 'Reddy'	Saatgut kaufen, Direktsaat ins Beet	Blatt-Mangold
7 Pflücksalat	'Lollo Rossa', 'Lollo Bionda'	6 Jungpflanzen zukaufen, im Winter zu wenig Licht für eigene Anzucht	Schnittsalat (Saatgut) Eichblattsalat
8 Rucola	'Ruca', 'Speedy'	Saatgut kaufen, Direktsaat ins Beet	---

Platz übrig. Pflanzen Sie ihn mit 16 cm Abstand zum Hochbeetrand.
Auf der anderen Beetseite ziehen Sie vier Reihen im Abstand von 25 cm. Säen Sie zwei Reihen Spinat, z. B. eine grüne und eine rotstielige Sorte. Danach pflanzen Sie eine Reihe Pflücksalat und zu guter Letzt eine Reihe Rucola. Versehen Sie alle Reihen mit Stecketiketten und gießen Sie das Beet gut an.

Beetpflege im Vor- und Erstfrühling

Die wichtigste Pflegearbeit ist das Gießen: nicht zu viel und nicht zu wenig. Ist es noch kalt, verdunstet nur wenig Wasser. Achten Sie aber besonders an sonnigen Tagen darauf, dass die Erde feucht bleibt. Keimende Samen dürfen nicht austrocknen. Setzen Sie, wenn möglich, einen Frühbeetaufsatz ein oder decken Sie das Beet mit einem Vlies ab, bis alle Samen gekeimt sind.

Stangensellerie vorziehen

Junge Stangenselleriepflanzen gibt es nur selten zu kaufen. Beginnen Sie daher schon im Erstfrühling mit der Anzucht der Pflanzen, die im Vollfrühling ins Beet gesetzt werden sollen.

VOLLFRÜHLING UND FRÜHSOMMER

Im Vollfrühling und Frühsommer sind die ersten Gemüse erntereif. Der Appetit auf frisches Grün darf ruhig groß sein, denn auf dem Beet wird Platz für die sommerlichen Fruchtgemüse benötigt.

Das wird geerntet

Der Rote Feldsalat ist etwa 8 Wochen nach der Aussaat erntereif. Der Salat ähnelt dem Feldsalat, gehört aber zu der Gruppe der Romanasalate, was bei der Fruchtfolge bedacht werden muss.
Rucola ist erntereif, wenn die Blätter etwa 10 cm lang sind. Das dauert früh im Jahr ungefähr 8 Wochen. Spätere Sätze sind nach 6 Wochen fertig. Werden die Blätter etwa 3 cm über dem Boden geschnitten, sodass der Vegetationspunkt stehen bleibt, wachsen sie noch einmal nach.
Spinat braucht ähnlich lange. Junge Blätter bereichern Salatmischungen, besonders schön sind dafür rotstielige Sorten. Kurz vor der Blüte muss der Spinat dann komplett abgeerntet werden. Im Frühsommer kann auch mit der Ernte der Möhren und Steckzwiebeln begonnen werden. Ziehen Sie nach und nach die größten Pflanzen aus den Reihen und lassen Sie die kleineren noch weiterwachsen.

Kräuter und Fruchtgemüse pflanzen

Auf der unteren Beethälfte ist jetzt so viel Platz, dass das Fruchtgemüse gepflanzt werden kann. Auch

Die schnellwüchsigen Frühjahrskulturen in der unteren Beethälfte sind spätestens Ende Mai abgeerntet. Jetzt pflanzen Sie Tomaten, Paprika, Aubergine, Petersilie und Basilikum – typisch italienisch.

wenn Tomaten und Co. schon ab Anfang April in den Gartenmärkten angeboten werden, ist es besser, bis Mitte Mai mit der Pflanzung zu warten. Eine einzige Frostnacht reicht schon aus, dass die wärmebedürftigen Pflanzen erfrieren. Achten Sie bei der Auswahl der Tomatenpflanzen darauf, dass Sie Buschtomaten bekommen. Im Gegensatz zu den Stabtomaten ist das Wachstum dieser Tomatengruppe begrenzt und sie eignen sich deshalb besser für das Hochbeet. Außerdem müssen die Pflanzen nicht ausgegeizt werden.
Auberginen brauchen sehr viel Wärme und werden deshalb bei uns fast ausschließlich im Gewächshaus kultiviert. Wenn Sie jedoch eine kleinfrüchtige Sorte wählen, ist die Wahrscheinlichkeit groß, dass die Früchte auch im Freiland reif werden. Spitzpaprika sind aus dem gleichen Grund den Blockpaprikasorten vorzuziehen. Zwischen den Tomaten, der Aubergine und der Spitzpaprika ist Platz für Kräuter. Glatte Petersilie und Basilikum sind in der italienischen Küche unverzichtbar. Setzen Sie jeweils drei Pflanzen ins Beet.

Auberginen braucht man für den sizilianischen Gemüseauflauf »Parmigiana di melanzane«.

Borlotti-Bohnen pflanzen

Borlotti-Bohnen mit ihren rosa-weiß marmorierten Hülsen sind in Italien weit verbreitet. Von den meis-

BEPFLANZUNG IM VOLLFRÜHLING UND FRÜHSOMMER

Gemüse	Sorten	Bemerkung	Alternative
1 Stangensellerie	'Spartacus', 'Tall Utah', 'Tango'	6 Jungpflanzen kaufen oder Anzucht 10 Wochen vorher beginnen	Radicchio (→ Seite 115, Rohkost)
2 Aubergine	'Kaberi', 'Ivory' (weiß)	1 Jungpflanze kaufen oder Anzucht 10 Wochen vorher beginnen	Snackpaprika, Spitzpaprika
3 Tomate	'Bogus fruchta', 'Siderno', 'Hoffmanns Rentita'	1 Jungpflanze kaufen oder Anzucht 6 Wochen vorher beginnen	---
4 Spitzpaprika	'Corno Giallo', 'Corno Rosso'	1 Jungpflanze kaufen oder Anzucht 10 Wochen vorher beginnen	Snackpaprika, Aubergine
5 Basilikum	'Genoveser', 'African Blue', 'Wildes Purpur' (rot)	3 Töpfe kaufen oder Anzucht 6 Wochen vorher beginnen	andere Kräuter
6 Petersilie	'Mooskrause', 'Grüne Perle', 'Gigante d'Italia'	3 Töpfe kaufen oder Anzucht 8 Wochen vorher beginnen	andere Kräuter
7 Borlotti-Bohnen	'Borlotto-Rosso', 'Sanguigno 2'	Saatgut kaufen, Direktsaat oder Anzucht 4 Wochen vorher beginnen	andere Buschbohnensorten, z. B. 'Maxi' und 'Purple Teepee'

ten Sorten werden nur die Körner verwendet. Sie werden milchreif oder trocken geerntet. Von der Sorte 'Sanguigno 2' können Sie auch die Hülsen verzehren. Man sät die Bohnen direkt oder zieht sie in kleinen Töpfen vor. Da sie zum Keimen warmen Boden brauchen, ist die Anzucht oft die bessere Wahl. Stecken Sie drei Bohnenkerne in jeden Topf und pflanzen Sie die Töpfe später im Abstand von 15 cm.

Stangensellerie pflanzen

Stangensellerie ist vielseitig verwendbar. Er kann roh oder gegart gegessen werden.
Mitte März ausgesäter Sellerie kann etwa Ende Mai gepflanzt werden. Setzen Sie die Pflanzen mit einem Abstand von 25–30 cm.

HOCH- UND SPÄTSOMMER

Wer im Spätherbst und Winter ernten will, muss im Sommer die richtigen Gemüse dafür pflanzen. Sobald Platz im Beet geschaffen werden kann, kommen die Wintergemüse in die Erde.

Diese Gemüse werden abgeräumt

In der Beetmitte entsteht im Hochsommer reichlich Platz. Möhren und Steckzwiebeln werden abgeräumt, vom Knoblauch können Sie die ersten Knollen aus dem Boden ziehen. Im Juli ist auch der Brokkoli so weit, dass er geerntet werden kann. Lassen Sie die Pflanzen noch stehen. Nachdem der große Kopf herausgeschnitten wurde, treiben aus den Seitenachseln kleinere Röschen nach.

Im Hoch- und Spätsommer können Sie ernten wie in Italien: Die Fruchtgemüse produzieren in warmen und sonnigen Sommermonaten Früchte ohne Ende.

Kräuter und Fruchtgemüse bleiben noch

Tomaten, Paprika und Auberginen laufen im Sommer zur Höchstform auf. Sind sie gut mit Wasser und Nährstoffen versorgt, liefern sie Früchte bis in den Herbst hinein. Basilikum und Petersilie kann ebenfalls ausreichend geerntet werden.
Bei den Borlotti-Bohnen beginnt die Ernte im Spätsommer. Je nach Sorte ernten Sie Hülsen oder die ersten milchreifen Bohnen.

Neues für die Wintermonate

Wer sich mit dem Anbau von Kohl beschäftigt, denkt zuerst an die großen Anbaugebiete in Norddeutschland, wo Boden und Klima ideale Bedingungen für Kohlpflanzen bieten. Doch auch in Italien sind verschiedene Kohlarten zu Hause.
Die italienische Variante des Grünkohls ist der Palmkohl. Seine dunklen, blasigen Blätter sind angeordnet wie bei einer Palme. Palmkohl ist weniger winterhart als Grünkohl, verträgt aber leichten Frost. Setzen Sie die Jungpflanzen in die bereits ausgedünnte Knoblauchreihe.
Auf den Brokkoli folgt am oberen Beetende Knollenfenchel. Jungpflanzen bekommen Sie in Gartenmärkten oder Sie ziehen sie selber an. Fenchel neigt durch die langen Sommertage zur Blütenbildung.

Bohnen und Hülsen der Sorte 'Borlotto Rosso' sind kräftig gefärbt. Beim Kochen verlieren die gesprenkelten Kerne ihre Farbe und werden braun.

Von den Puntarelle werden hauptsächlich die innen liegenden Blütensprosse gegessen. Die harten, äußeren Blätter sind sehr bitter.

Wählen Sie schossfeste Sorten, die darauf gezüchtet sind, sicherer eine dicke Knolle auszubilden, bevor sie in die Blüte gehen. Fenchel braucht während des Wachstums viel Wärme, übersteht im Herbst aber auch die ein oder andere Frostnacht.

Italienische Spezialität: die Puntarelle

Zwischen den Fruchtgemüsen und dem Palmkohl finden Sie in diesem Pflanzplan eine weitere italienische Spezialität: die Puntarelle, auch Vulkanspargel genannt. Sie gehört zu den bitter schmeckenden Zichoriensalaten. Ihre äußeren Blätter sehen löwenzahnähnlich aus, haben einen hohen Bitterstoffgehalt und werden daher fein geschnitten unter andere Salate gemischt. Die inneren Blätter sind milder. Die eigentliche Spezialität aber sind die im Inneren der Blattrosetten angelegten »Blütensprossen«, also die Blütenstiele samt noch fest verschlossener Blütenknospe. Für die »Puntarelle alla Romana« werden die Knospen mit der zartbitteren Note mit Sardellenfilets, Olivenöl und Knoblauch gedünstet.
Vorgezogene Jungpflanzen der Puntarelle werden im Hochsommer gepflanzt. Setzen Sie sie im Abstand von 25 cm in der Reihe ins Beet. Sie müssen die Pflanzen selber anziehen, fertige Jungpflanzen dieser Spezialität sind im Handel nicht zu bekommen.

BEPFLANZUNG IM HOCH- UND SPÄTSOMMER

Gemüse	Sorten	Bemerkung	Alternative
1 Knollenfenchel	'Rondo', 'Fino'	6 Jungpflanzen kaufen oder Anzucht 8 Wochen vorher beginnen	---
2 Palmkohl	'Nero di Toscana'	3 Jungpflanzen kaufen oder Anzucht 6 Wochen vorher beginnen	Grünkohl
3 Puntarelle	---	6 Jungpflanzen, Anzucht 8 Wochen vorher beginnen	Radicchio

FRÜH- UND VOLLHERBST

Im Herbst ist die Saison im Italien-Hochbeet noch lange nicht beendet. Es gibt Gemüse, das in diesen Monaten noch kräftig weiterwächst, Gemüse, dessen Ernte im Herbst beginnt, und Gemüse, das erst in den ersten Herbsttagen ausgesät wird. Lediglich die verschiedenen Sommerkulturen räumen nun endgültig das Beet.

Dieses Gemüse bleibt

Der Palmkohl und die Puntarelle legen im Herbst im Wachstum noch kräftig zu. Beide Gemüsearten brauchen noch ein paar Wochen, bis sie geerntet werden können.
Beim Knollenfenchel und beim Stangensellerie kann im Vollherbst mit der Ernte begonnen werden. Ernten Sie nur bei Bedarf. Die Pflanzen sind auf dem Beet gut aufgehoben und ertragen auch ein paar kalte Nächte.

Die Fruchtgemüsesaison ist beendet

Mit dem Einzug des Herbstes ist der Anbau von Tomaten, Paprika und Auberginen im Freiland in der Regel beendet. Graben Sie die Pflanzen aus und füllen Sie die Löcher im Beet mit etwas Gemüseerde wieder auf. Auch das Basilikum, das zwischen den Pflanzen steht, wächst nicht mehr und kann entfernt werden. Die Petersilie bleibt stehen. Sie kann noch weiter geerntet werden und treibt im Frühjahr noch einmal frisch aus.
Sobald auch die Bohnen am unteren Beetrand abgeerntet sind, entsteht viel freie Fläche für die verschiedenen Wintersalate.

Salate direkt säen oder pflanzen

Ob Sie Wintersalate direkt ins Beet säen oder sie in kleinen Töpfen vorziehen, ist abhängig von dem Zeitpunkt, ab dem Platz im Beet gemacht werden kann. Hirschhornwegerich, ein Gemüse, das bei uns nur hin und wieder angeboten wird, in Italien aber sehr verbreitet ist, kann bis Mitte August direkt gesät werden. Für Feldsalat reicht eine Aussaat Anfang September, Postelein-Samen können bis Mitte oder sogar bis Ende September direkt ins Beet ausgebracht werden. Ist das Beet zu den genannten Zeiten noch belegt, ziehen Sie Hirschhornwegerich, Feldsalat und Postelein in kleinen Töpfen vor und setzen sie ins Beet, sobald der Platz dafür von den Sommerkulturen freigegeben wird. Feldsalat, Postelein und auch der Hirschhornwegerich sind weder miteinander noch mit anderen Gemüsekulturen verwandt. Sie bereiten daher keine Probleme in der Fruchtfolge und können vor oder nach jedem anderen Gemüse angebaut werden.

Nach den Fruchtgemüsen bilden im Herbst Puntarelle, Palmkohl, Stangensellerie und Fenchel die Schwerpunkte im Italien-Beet. Unten wächst Hirschhornwegerich, ein besonders würziger Salat.

Palmkohl schmeckt nicht nur lecker, er ist zudem ein wahrer Hingucker im herbstlichen Italien-Beet.

Kleine Tricks für die Salataussaat

Ist es im Frühherbst, wie in den letzten Jahren, noch sehr warm, ist es gar nicht so einfach, Salat vorzuziehen. Viele Salate brauchen kühle Startbedingungen. Zu dieser Gruppe gehören auch der Feldsalat und die Postelein. Feldsalat keimt nicht bei Temperaturen über 20 °C. Am besten keimt er, wenn es zwischen 8 und 15 °C warm ist. Bei den Postelein ist die Obergrenze für die Keimung schon bei 12 °C erreicht. Ist es draußen noch deutlich wärmer, mischen Sie die Samen von Feldsalat oder Postelein in einer kleinen Schüssel mit feuchtem Sand. Stellen Sie die Schüssel für drei Tage in den Kühlschrank. Durch die Kälte werden die keimhemmenden Stoffe abgebaut.

Nach dieser Behandlung füllen Sie eine Saatschale oder eine Multitopfplatte (→ Seite 150) mit Aussaaterde und verteilen die Samen mit dem Sand auf der

BEPFLANZUNG IM FRÜH- UND VOLLHERBST

Gemüse	Sorten	Bemerkung	Alternative
1 Postelein	---	Saatgut kaufen, Direktsaat oder Anzucht 4–6 Wochen vorher beginnen	Feldsalat, Spinat, Asia-Salat
2 Feldsalat	'Elan', 'Vit', 'Amely'	Saatgut kaufen, Direktsaat oder Anzucht 4–6 Wochen vorher beginnen	Postelein, Spinat, Asia-Salat
3 Hirschhorn-wegerich	---	Saatgut kaufen, Direktsaat oder Anzucht 4–6 Wochen vorher beginnen	---

In Italien kennt man ihn als »Erba Stella«. Hirschhornwegerich bleibt auch im Winter grün. Im Vorfrühling setzt sein Wachstum wieder ein.

Erdoberfläche. Sand und Samen werden nicht mit Erde abgedeckt, denn diese Salate gehören zu den Lichtkeimern.

SPÄTHERBST UND WINTER

In den Mittelmeerländern sind die Winter milder als bei uns. Die typischen italienischen Gemüsearten, die in ihrer Heimat bedenkenlos im Freiland überwintern, müssen bei uns im Spätherbst, bevor es zu längeren Frostperioden kommt, geerntet werden. Die Wintersalate sind dagegen allesamt frostfest, können also überwintern und auch noch im Frühjahr vom Beet in die Küche geholt werden.

Das Beet mit Laub abdecken

Nach den ersten kalten Nächten fallen Blätter in Massen von Bäumen und Sträuchern. Nutzen Sie sie als Mulchschicht im Hochbeet. Um die Pflanzen im Hochbeet vor Frost zu schützen, tragen Sie zwischen den Gewächsen eine dicke Schicht Laub auf. Dort wirkt es als Isolierschicht und schützt die Pflanzen vor Kälte. Zudem trocknet der abgedeckte Boden nicht so schnell aus.

Ernte im Spätherbst

Im Spätherbst gibt es im Hochbeet für Fans der italienischen Küche noch viel zu holen. Die bei uns nicht so bekannten, für traditionelle italienische Rezepte aber bedeutsamen Gemüsearten stehen zur Ernte an. Sie vertragen zwar leichte Nachtfröste, sollten aber bis Ende Oktober geerntet sein. Knollenfenchel und Stangensellerie werden als ganze Pflanzen aus dem Boden gezogen. Schütteln Sie die anhaftende Erde ab und kürzen Sie die Blätter und die Wurzeln etwas ein. Alle Knollen und Stangen,

So sieht das Beet mit den typischen Gemüsearten für die italienische Küche im Spätherbst aus. Jetzt werden Fenchel, Stangensellerie, Palmkohl, Puntarelle und Hirschhornwegerich geerntet.

die Sie nicht direkt verbrauchen, können Sie nach der Ernte 6–8 Wochen in einer Erdmiete lagern (→ Seite 121). Palmkohl und Puntarelle werden am besten frisch verbraucht. Während die Puntarelle als ganze Pflanze geerntet werden, können Sie vom Palmkohl auch einzelne Blätter abschneiden und diese, wie Grünkohl, z. B. für die Zubereitung von Grünen Smoothies verwenden.

Salate ernten

Die drei im Frühherbst ausgesäten Salate sind allesamt vollkommen winterhart. Sie überleben selbst dann, wenn die Blätter durchfrieren, dürfen in dem gefrorenen Zustand allerdings nicht geerntet werden (→ Seite 111).
Feldsalat wird einmal geerntet. Schneiden Sie ihn tief am Boden, am besten mit einem Stück Wurzel, damit die Rosette nicht auseinanderfällt. Postelein und Hirschhornwegerich können mehrfach geerntet werden. Mit einer Schere oder einem Messer schneiden Sie die Blätter 3–5 cm über dem Boden ab. Bleibt das Herz der Pflanzen unbeschädigt, wachsen die Blätter wieder nach und können ein zweites, manchmal sogar ein drittes Mal geerntet werden.

WAS IST DENN EIGENTLICH HIRSCHHORNWEGERICH?

Botanisch heißt der Hirschhornwegerich *Plantago coronopus*. Er ist mit dem bei uns bekannten Spitzwegerich und dem Breitwegerich verwandt, was spätestens an den Blüten deutlich zu erkennen ist. Der Hirschhornwegerich bildet dichte Rosetten aus schmalen, bis zu 25 cm langen, am Rand gezahnten Blättern. Junge Blätter sind zart und weich, ältere sind fester. Sie schmecken kräftig aromatisch, säuerlich und etwas salzig. Weil die jungen Blätter am besten schmecken, sollten Sie dafür sorgen, dass durch fortlaufenden Schnitt der Blätter stets neue nachwachsen können. Hirschhornwegerich ist frosthart, muss aber im Winter vor allzu großer Nässe geschützt werden, damit seine dichten Blattrosetten nicht faulen.

Im Winter gibt es im Hochbeet noch frischen Salat: Postelein werden in der kühleren Jahreszeit geerntet.

DAS 365-TAGE-HOCHBEET FÜR NASCH- UND DUFTPFLANZEN

Eine unkomplizierte Bepflanzung für alle, die schnell eine Handvoll Früchte fürs Müsli, duftende Kräuter für einen frischen Tee oder etwas frisches, knackiges Gemüse zum Knabbern möchten.

Ein Besuch am Nasch- und Duftpflanzen-Hochbeet ist immer ein besonderes Erlebnis. Hier können Sie schnell mal ein paar Beeren naschen, mal mit der Hand über die Minze streichen und ihren Duft einatmen oder den Bienen beim Sammeln von Nektar und Pollen zusehen. Zudem gibt es bis in den Winter frisches Gemüse und knackige Salate.

ERST- UND VORFRÜHLING

Im Frühjahr liegt das Beet erst einmal ganz frei vor Ihnen. Damit haben Sie einerseits viel Gestaltungsfreiheit, andererseits aber bei der ersten Bepflanzung auch viel zu tun.

Zuerst das Beerenobst

Für die Pflanzung des Heidelbeerstrauchs sind ein paar Vorbereitungen im Hochbeet nötig, denn Heidelbeeren benötigen einen besonders sauren und

Das Nasch- und Duftpflanzenbeet wird im Frühling voll bestückt. Leckeres Obst, duftende Kräuter und knackiges Gemüse lassen die Vorfreude auf die Ernte groß werden. Auch Kinder lassen sich für die gesunden Naschereien auf diesem Beet begeistern.

humosen Boden. In der normalen Hochbeeterde kann die Pflanze nicht genug Nährstoffe aufnehmen und würde nur wenige Früchte tragen.
Trennen Sie darum einen Extra-Pflanzbereich für den Strauch ab. Lassen Sie am Rand einen 30 cm breiten Streifen für die Erdbeerpflanzen frei. Im Anschluss daran heben Sie für den Heidelbeerstrauch ein 40 cm tiefes, rundes Loch mit einem Durchmesser von 40 cm aus. In das Loch stellen Sie eine 40 cm breite Noppenfolie als Begrenzung. Füllen Sie innerhalb der Folie das Loch mit Rhododendronerde auf. Sie bekommen sie in Gartenmärkten. Anschließend pflanzen Sie den Strauch in das saure Substrat.
Als Nächstes pflanzen Sie die Erdbeeren. Haben Sie sich für die größeren Gartenerdbeeren entschieden, reichen vier Pflanzen. Bevorzugen Sie Walderdbeeren, brauchen Sie sechs Pflanzen.

NATUR- ODER KULTUR-HEIDELBEEREN?

Man unterscheidet zwischen Natur- und Kulturheidelbeeren. Beide wachsen strauchartig, wobei die Naturheidelbeeren mit 60 cm Höhe deutlich kleiner bleiben als die bis zu 160 cm hohen Kulturheidelbeeren. Die Sorte 'Bluecrop' etwa wird 120 cm groß. Die Früchte der Naturheidelbeeren schmecken intensiver, werden aber nur erbsengroß, während die Kulturheidelbeeren etwa doppelt so groß werden. Zudem produzieren sie eine höhere Menge Beeren.

BEPFLANZUNG IM VOR- UND ERSTFRÜHLING

Gemüse	Sorten	Bemerkung	Alternative
1 Kohlrabi	'Lanro' (weiß), 'Azur Star' (blau)	6 Jungpflanzen kaufen, im Winter zu wenig Licht für eigene Anzucht	---
2 Frühmöhren	'Milan', 'Fynn'	Saatgut kaufen, unbedingt frühe Sorte wählen, späte haben längere Kulturzeit	---
3 Radieschen	'Cherry Belle' (rot), 'Eiszapfen' (weiß)	Saatgut kaufen, im Frühjahr und Herbst keine Sommersorten anbauen	Rucola, Asia-Salat
4 Roter Feldsalat	'Ovired'	Saatgut kaufen, Direktsaat ins Beet	Pflücksalat, Babyleaf-Salat
5 Rucola	'Ruca', 'Speedy'	Saatgut kaufen, nicht mit Wilder Rauke verwechseln	Asia-Salat, Radieschen, Wilde Rauke
6 Marokkanische Minze	---	fertige Pflanze im Topf kaufen	andere Minzart: Pfeffer-, Apfelminze
7 Naturheidelbeere	'Putte', 'Emil'	Strauch, fertige Pflanze im Topf kaufen	Kulturheidelbeere, wird größer, z. B. 'Bluecrop'
8 Schnittlauch	---	fertige Pflanze im Topf kaufen	---
9 Erdbeeren	'Mara des Bois' 'Mieze Nova'	4 Jungpflanzen im Topf kaufen	Walderdbeeren (6 Pflanzen)

Minze in einen großen Topf setzen

Minze hat die Eigenheit, stark zu wuchern. Pflanzt man sie ohne Wurzelsperre ins Beet, breitet sie sich schnell aus und lässt anderen Pflanzen keinen Platz mehr. Sie können ihr Wachstum begrenzen, indem Sie sie in einen großen Topf pflanzen und diesen dann im Beet einsenken. Nachdem Sie dann noch einen Topf Schnittlauch (ausgetopft) zwischen Minze und Heidelbeere gesetzt haben, ist schon mehr als ein Drittel des Beets bepflanzt.

Frühes Gemüse und Blattsalate

Die Beetmitte ist für eine schnellwüchsige Kultur vorgesehen, die nach kurzer Zeit geerntet werden kann, um den nachfolgenden Zuckererbsen Platz zu machen. Ziehen Sie mithilfe eines Holzstabs oder einer Pflanzleine eine flache Rille und säen Sie Roten Feldsalat aus. Bedecken Sie die Samen 0,5–1 cm dick mit Erde und kennzeichnen Sie die Reihe mit einem Stecketikett. Zwischen dem Roten Feldsalat und der Heidelbeere bzw. der Minze ist noch Platz für eine Reihe Rucola, die ebenfalls ausgesät wird. Auf der zweiten Beethälfte ziehen Sie mit 30 cm Abstand zum Salat eine 2 cm tiefe Rille für Radieschensamen. Säen Sie die Samen aus, schließen Sie die Rille und stecken Sie ein Etikett. Wieder 30 cm weiter bringen Sie die Möhrensamen in die Erde. Für die Kohlrabipflanzen markieren Sie 15 cm vom Beetrand eine Reihe und setzen 5–6 Jungpflanzen hinein.

Der Vollfrühling ist ein wichtiger Pflanztermin. Multileaf-Salat, Zuckerschoten und Petersilie können vor den Eisheiligen gesetzt werden, die anderen Neupflanzungen sollten erst danach erfolgen.

VOLLFRÜHLING UND FRÜHSOMMER

Viele der im Vor- oder Erstfrühling ausgesäten Gemüsearten sind sehr schnellwüchsig und können nach und nach bereits im Vollfrühling und Frühsommer geerntet werden. An die dann frei gewordenen Stellen im Beet ziehen nun die wärmeliebenden Sommerkulturen ein.

Zuckererbsen bis Ende April aussäen

Sobald der Rote Feldsalat in der Beetmitte verbraucht ist, werden die Zuckererbsen ausgesät. Der späteste Termin für die Aussaat ist Ende April, denn Erbsen bilden an kühlen und kurzen Tagen Blätter und an langen und warmen Tagen Blüten und Hülsen. Vor der Blütenbildung muss genug Blattmasse da sein, um die Früchte zu ernähren.

Befestigen Sie eine Rankhilfe für die Erbsen. Sehr praktisch ist ein Scherengitter aus Weide, das an jede Beetbreite angepasst werden kann. An beiden Seiten der Rankhilfe können die Erbsen klettern. Ziehen Sie jeweils im Abstand von 10 cm vor und hinter dem Gitter eine 3 cm tiefe Rille, in die Sie die Erbsen im Abstand von 3–5 cm einzeln in die Erde legen. Lässt man die Samen 24 Stunden vor der Aussaat in einer Schale mit warmem Wasser quellen, keimen sie schneller.

Radieschen, Rucola und Kohlrabi ernten

Radieschen und Rucola wachsen schnell und können etwa 8 Wochen nach der Aussaat geerntet werden. Von den Radieschen ziehen Sie immer die größten Knollen aus der Erde. Rucola wird, wenn die Blätter ca. 10 cm lang sind, 3 cm über dem Boden abgeschnitten. Sie können sie sogar noch einmal nachwachsen lassen.
Die Kohlrabi brauchen etwas länger, werden aber bis Ende Mai auch nach und nach geerntet sein. Verzehren Sie Kohlrabi nach der Ernte möglichst frisch. Lässt man ihn länger liegen, besteht die Gefahr, dass die Knollen holzig werden. Von frischen Knollen kann man auch die jungen Blätter mitessen.

Erdbeerernte

Abhängig von der Erdbeersorte, die Sie gewählt haben, werden Sie Anfang oder Mitte Juni die süßen Früchte pflücken können. Eine immertragende Sorte oder Walderdbeeren tragen bis in den Herbst hinein. Andere Sorten haben ihre Haupterntezeit dagegen von Juni bis Mitte Juli. Im ersten Jahr sind die Pflanzen noch klein, sodass es nur wenige Früchte sein werden, die Sie pflücken können. Im zweiten und dritten Standjahr ist die Ernte dann aber deutlich größer. Erdbeerpflanzen bilden Ausläufer, an denen sich neue Pflanzen bilden. Während der Fruchtreife schneiden Sie diese weg. Später können Sie die Ausläufer wachsen lassen, um aus ihnen neue Erdbeerpflanzen zu gewinnen.

Die aromatischen Walderdbeeren liefern bis in den Herbst süße Früchte.

BEPFLANZUNG IM VOLLFRÜHLING UND FRÜHSOMMER

Gemüse	Sorten	Bemerkung	Alternative
1 essbare Blüten	verschiedene Samenmischungen	Saatgutmischung kaufen, Direktaussaat ins Beet	Ringelblumen, Kapuzinerkresse
2 Multileaf-Salat	'Salanova rot', 'Salanova grün'	4 Jungpflanzen kaufen oder Anzucht 6 Wochen vorher beginnen	Romanasalat, z. B. 'Forellenschluss'
3 Tomate	'Siderno'	1 Jungpflanze kaufen oder Anzucht 6 Wochen vorher beginnen	Gurke, über den Rand wachsen lassen ('Lazio')
4 Ananaskirsche	'Goldmurmel'	1 Jungpflanze kaufen oder Anzucht 10 Wochen vorher beginnen	Snackpaprika
5 Zuckerschoten	'Zuccola', 'Ambrosia'	Saatgut kaufen, Direktsaat ins Beet	Markerbsen, man isst die Körner
6 Petersilie	'einfache Schnitt' 'Grüne Perle'	1 Topf kaufen oder Anzucht 8 Wochen vorher beginnen	geschmacklich ohne Alternative
7 Lakritztagetes	---	4 Töpfe kaufen oder Anzucht 6 Wochen vorher beginnen	Gewürztagetes 'Orange Gem'

Jetzt kommen die Sommerkulturen

Die Sommerkulturen sind wärmedürftig und vertragen keinen Frost. Mit der Pflanzung warten Sie daher bis Mitte Mai, denn dann sind auch die letzten kalten Nächte vorüber. Als ausgesprochene Naschpflanzen sind eine Ananaskirsche und eine Cherrytomate geplant. Beide Pflanzen können Sie im Frühjahr kaufen, sie sind aber auch leicht selber anzuziehen. 'Siderno' ist eine Cherrytomate, die buschig wächst, nicht ausgegeizt werden muss und nur etwa 80 cm hoch wird, sie ist also ideal für das Hochbeet. Ananaskirschen ähneln der bekannteren Andenbeere. Wie bei dieser wachsen die Früchte in papierartigen, ballonförmigen Hüllen heran. Die Pflanze wird nur 40–60 cm hoch, wächst aber in die Breite. Den Platz zwischen der Tomate und der Ananaskirsche können Sie für Salate nutzen. Pflanzen Sie z. B. Multileaf-Salate oder säen Sie noch einmal Roten Feldsalat aus. Die schnellwüchsigen Arten sind schon verspeist, wenn die Hauptkulturen mehr Platz brauchen.

Essbare Blüten und Lakritztagetes

Als weitere Sommerkulturen sind im Nasch- und Duftbeet die Aussaat einer essbaren Blütenmischung und die Pflanzung von Lakritztagetes geplant. Die Blütenmischung kann von April bis Juni direkt ins Beet gesät werden. Sie folgt den Kohlrabis, sobald diese geerntet sind. An den duftenden Blüten werden Sie Ihre Freude haben, denn sie sehen nicht nur schön aus, sondern sind auch hervorragende Bienenweiden, verfeinern Salate und Tees und machen sich hervorragend als Dekoration auf dem Esstisch. Lakritztagetes haben dagegen nur unscheinbare Blüten, punkten aber mit ihrem intensiven Lakritzaroma. Sie können einfach die Blattspitzen naschen, einen Tee damit zubereiten oder Kuchen und Desserts verfeinern. Säen Sie die Samen ab März in Töpfe aus (Achtung: Lichtkeimer!) und pflanzen Sie sie ab Ende Mai ins Beet.

HOCH- UND SPÄTSOMMER

Im Hoch- und Spätsommer gibt es im Hochbeet jede Menge Obst, Gemüse und Kräuter zu ernten. Außerdem wird Vorsorge für den Wintervorrat getroffen: Gemüse, das über den Winter geerntet werden kann, wird, je nach Kulturdauer, im Hoch- oder Spätsommer ausgesät bzw. gepflanzt.

Gesunde Leckereien ernten

Im Sommer können Sie sich über kulinarische Hightlights aus dem Hochbeet freuen. Bis Anfang Juli etwa liefern die Zuckererbsen frische Hülsen. Ernten Sie sie, wenn die Hülsen noch flach sind, man die Körner aber schon erkennen kann. Zucker-

Jetzt wird es bunt im Nasch- und Duftpflanzenbeet! Freuen Sie sich auf die Ernte von Erdbeeren, Heidelbeeren und Tomaten. Kosten Sie ein paar Blättchen von der intensiv schmeckenden Lakritztagetes!

Essbare Blüten sind wahre Insektenmagneten und eine schöne Dekoration für Salatteller.

Ananaskirschen sind erst reif, wenn die Früchte aus der trockenen Hülle fallen.

erbsen werden mehrmals durchgepflückt.
Kurz nach den Erbsen werden die Heidelbeeren reif und auch die ersten Tomaten können direkt vom Beet genascht werden.
Der Schnittlauch ist nach der ersten Ernte im Frühjahr noch einmal nachgewachsen und kann erneut geschnitten werden. Von der Petersilie ernten Sie bei Bedarf immer die äußeren Blätter.
Aus der Minze können Sie frischen Tee oder auch Sirup zubereiten (→ Seite 148, Tipp) und mit den Blättern der Lakritztagetes lässt sich herrlich experimentieren. Klein gehackt und mit etwas Honig in Naturjoghurt gerührt schmecken sie ganz köstlich.

Die essbaren Blüten können Sie in die Vase stellen, Salate oder Süßspeisen damit dekorieren oder sie einfach nur bestaunen. Wichtig ist es, Verblühtes laufend zu entfernen, denn damit wird die Bildung neuer Blüten angeregt.
Die Früchte der Ananaskirsche werden im Spätsommer reif. Sobald die Hüllen eintrocknen, fallen die Früchte von selber herunter und schmecken dann wunderbar süß.

Gemüse für den Winter

Für den Wintervorrat wird im Naschpflanzenbeet noch einmal ein Satz Möhren angebaut. Späte Möh-

BEPFLANZUNG IM HOCH- UND SPÄTSOMMER

Gemüse	Sorten	Bemerkung	Alternative
1 Mangold	'Bright Lights', 'Rainbow'	3 Töpfe kaufen oder Anzucht 6 Wochen vorher beginnen	Rote Bete, Ringelbete
2 Späte Möhren	'Rothild', 'Robila', 'Purple Haze' (violett)	Saatgut kaufen, Direktsaat ins Beet	Knollenfenchel (Jungpflanzen)
3 Kohlrabi	'Superschmelz'	4 Jungpflanzen kaufen oder Anzucht 6 Wochen vorher beginnen	Spitzkohl

SOMMERLICHER DURSTLÖSCHER: MINZ-SIRUP

Zutaten: 500 ml Wasser, 700 g Zucker und 15 Stängel Minze aus dem Hochbeet
Die Minzblätter sehr fein schneiden, mit Zucker und Wasser aufkochen und ca. 10 min mit geschlossenem Deckel köcheln lassen. Von der Herdplatte nehmen und etwas abkühlen lassen. Sirup durch ein Geschirrtuch abseihen, in kleine Flaschen füllen und diese verschließen. Der Sirup sollte in erkaltetem Zustand (wenn er eine Weile im Kühlschrank stand) ungefähr die Konsistenz von dünnflüssigem Honig haben. So ist er geschmacksintensiv und ergiebig. Ein Schuss Sirup mit Eiswürfeln, aufgefüllt mit kaltem Mineralwasser, ist ein sehr erfrischendes Sommergetränk.

rensorten müssen bis Mitte Juli ausgesät sein, damit sie bis zum Herbst ihre volle Größe erreichen. Sehr einfach ist die Möhrenaussaat, wenn Sie ein Saatband verwenden. In dem Band sind die Samen schon im richtigen Abstand eingearbeitet, was den Vorteil hat, dass Sie die Möhrensämlinge später nicht vereinzeln müssen. Saatbänder legt man in die Saatrille und gießt sie an. So bekommen sie einen guten Anschluss an den Boden. Danach wird das Band mit Erde bedeckt und noch einmal gegossen. Neben den Möhren ist an der frei gewordenen Stelle noch Platz für eine Reihe Kohlrabi. Die Sorte 'Superschmelz' wächst zu großen, sehr zarten Knollen heran, die sich gut lagern lassen. Kohlrabi wird gepflanzt. Jungpflanzen von 'Superschmelz' werden häufig im Handel angeboten, lassen sich aber auch ganz leicht selber anziehen.
Die dritte Kultur, die noch im Juli gepflanzt werden sollte, ist der Mangold. Er findet seinen Platz zwischen den essbaren Blüten und der Tomate bzw. der Ananaskirsche. Sollte es dort im Hochsommer noch zu eng sein, setzen Sie die Mangold-Jungpflanzen noch einmal in größere Töpfe und pflanzen später. Sie können auch die essbaren Blütenpflanzen etwas beschneiden und so den erforderlichen Platz für die jungen Mangoldpflanzen schaffen.

FRÜH- UND VOLLHERBST

Im Früh- und Vollherbst stehen nur wenige Veränderungen im Beet an. Damit in der dunklen Jahreszeit auch Frisches aus dem Beet auf den Teller kommt, werden jetzt noch zwei typische Wintersalate ausgesät.

Im Herbst fällt besonders der Mangold ins Auge. Seine bunten Blattstiele leuchten in der Sonne. Geerntet werden kann aber noch viel mehr, z. B. Kräuter, Ananaskirschen und die ersten Kohlrabi.

Saatbänder sind praktisch für die Möhrenaussaat: Der richtige Abstand der Samen ist vorgegeben.

Kohlrabi 'Superschmelz' ist leicht zu kultivieren, er wird nicht holzig.

Ernte in den ersten Wochen des Herbstes

Im Frühherbst, der ungefähr von Ende August bis Ende September dauert, bleibt auf dem Hochbeet noch alles so bestehen wie im Spätsommer. An Früchten werden Sie, bei der entsprechenden Sortenwahl, noch einige Erdbeeren ernten können sowie Ananaskirschen, die jetzt in großer Menge reif werden und vom Strauch herunterfallen. Bei den kleinen Cherrytomaten hängt es vom Wetter ab, ob im September noch Früchte reif werden. Ein sonniger September lässt die Ernte andauern, in einem regnerischen Frühherbst ist sie dagegen recht schnell beendet.

Noch grüne Tomaten können Sie im Haus nachreifen lassen (→ Seite 108, Tipp).

Im Frühherbst beginnt nun auch die Mangoldernte. Entnehmen Sie immer nur die großen, äußeren Blätter, wächst der Mangold bis spät in den Herbst nach. Verwendet werden vom Mangold die Blätter und die Blattstiele. Sie können gekocht, gedünstet oder gebraten werden und eignen sich auch für die Zubereitung von Rouladen mit einer Hackfleisch- oder auch einer vegetarischen Füllung.

Salate für den Winter säen

Möchten Sie im Spätherbst und Winter frische Salate ernten, säen Sie, wie auch für die anderen Bepflanzungsvorschläge empfohlen, Feldsalat und Postelein aus. Die beiden Kulturen sind für die Herbst- und Winterernte einfach unschlagbar. Eine

BEPFLANZUNG IM FRÜH- UND VOLLHERBST

Gemüse	Sorten	Bemerkung	Alternative
1 Postelein	---	Saatgut kaufen, Direktsaat oder Anzucht 4–6 Wochen vorher beginnen	Feldsalat, Asia-Salat
2 Feldsalat	'Elan', 'Vit', 'Amely'	Saatgut kaufen, Direktsaat oder Anzucht 4-6 Wochen vorher beginnen	Postelein, Asia-Salat

Direktsaat ins Hochbeet ist nur bis etwa Mitte September möglich. Haben Sie die Tomatenpflanzen zu diesem Zeitpunkt schon aus dem Beet entfernt, können Sie an ihrer Stelle zwei halbe Reihen Feldsalat direkt ins Beet säen. Bleibt die Tomate noch länger stehen, ziehen Sie den Feldsalat in kleinen Töpfen oder in einer praktischen Multitopfplatte vor.

Postelein vorziehen

Vorziehen sollten Sie auf jeden Fall die Postelein. Sie folgen im Hochbeet den essbaren Blütenpflanzen, die meistens noch bis Mitte Oktober schön sind und erst dann aus dem Beet entfernt werden.
Für die Anzucht füllen Sie Mitte September eine Multitopfplatte mit Aussaaterde und streuen in jeden Topf eine kleine Prise Saatgut. Decken Sie die kleinen Samen mit einer dünnen Erdschicht ab und gießen Sie die Platte mit einer Gießkanne mit feiner Brause an. Stellen Sie die fertige Multitopfplatte an einem schattigen Ort auf, denn die Samen keimen nur, wenn es nicht wärmer als 12 °C ist. Sollte es draußen deutlich wärmer sein, keimen Sie die Samen im Kühlschrank vor (→ Seite 139). Sobald der Platz frei ist, können die kleinen Posteleinpflänzchen im Hochbeet ausgepflanzt werden.

SPÄTHERBST UND WINTER

Herbstlaub, das in Ihrem Garten anfällt, kann gut zum Abdecken des Bodens im Hochbeet verwendet werden. Die Laubschicht isoliert und schützt die Pflanzen, die noch auf dem Beet stehen, vor gefährlichen Kahlfrösten. Die Erdbeerpflanzen, der Heidelbeerstrauch und auch die Kräuter befinden sich jetzt in der Winterruhe. Gemüse kann aber noch eine Zeit lang geerntet werden.

Möhren und Kohlrabi ernten Sie vor Winterbeginn ab. Die Wurzeln und Knollen können aber einige Wochen gelagert werden. Mangold und die Salate bleiben besser auf dem Hochbeet stehen.

ANZUCHT VON FELDSALAT UND POSTELEIN

Feldsalat und Postelein können zwar direkt ins Hochbeet ausgesät werden, aber oftmals ist der vorgesehene Platz noch mit der Vorkultur belegt. Um keine Zeit zu verlieren, werden die Wintersalate deshalb vorgezogen. Für die Anzucht haben sich Multitopfplatten als sehr praktisch erwiesen. Die 31 × 53 cm großen Platten aus Hartplastik bekommt man mit Untersetzer und Abdeckhaube. In die stabile Platte sind 40 Töpfe mit einem Durchmesser von 6 cm eingelassen. Man findet sie im Gartenfachhandel und kann sie viele Jahre lang immer wieder verwenden.

Mangoldernte im Winter einstellen

Im Spätherbst können Sie weiterhin Mangoldblätter ernten. Achten Sie darauf, dass noch etwa ein Drittel der Staude stehen bleibt, bevor es Winter wird und die Pflanze in eine Ruhephase geht. Packen Sie die Pflanzen mit Laub ein, damit sie vor ärgsten Frösten etwas geschützt sind. Sobald die Tage im Frühling länger werden und die Temperaturen steigen, setzt das Wachstum der Blätter wieder ein und Sie können etwa ab Anfang April noch einmal ernten, bis die Pflanzen Blüten bilden.

Für die Feldsalat-Anzucht sind Quickpotplatten sehr praktisch. Es gibt sie mit passendem Untersetzer.

Möhren und Kohlrabi einlagern

Möhren vertragen tiefe Temperaturen und überstehen auch die eine oder andere Nacht mit leichtem Frost im Beet. Sie sollten aber vor einer längeren Frostperiode geerntet werden. Denn ist der Boden erst durchgefroren, stecken die Möhren fest und Sie kommen nicht mehr an sie heran. Haben Sie eine späte, gut lagerfähige Möhrensorte im Hochbeet ausgesät, können Sie sie in einer Kiste mit feuchtem Sand einlagern. Schlagen Sie die Kiste mit Folie oder Vlies aus, füllen Sie den Sand ein und stecken die Möhren hinein. Auch der Herbstkohlrabi ist in einer solchen Lagerkiste mehrere Wochen lagerfähig. Ziehen Sie die Kohlrabiknollen aus dem Boden und schütteln Sie anhaftende Erde ab. Mit einer Gartenschere schneiden Sie den Wurzelhals und die Blätter einige Zentimeter von der Knolle entfernt ab. Die Stielreste fallen nach einigen Tagen von alleine ab. Stellen Sie die Kiste an einen kühlen und geschützten Platz, z. B. auf dem Balkon oder der Terrasse. So haben Sie im Winter Ihr eigenes Gemüse immer schnell griffbereit.

Wurzel- und Knollengemüse kann in feuchtem Sand eingebettet an einem kühlen Platz gelagert werden.

DAS 365-TAGE-HOCHBEET FÜR HEIMISCHES SUPERFOOD

Superfood ist gesund. Aber es müssen nicht die Exoten aus fernen Ländern sein. Viele heimische Arten können locker mithalten – von der Gartenkresse über Rote Bete bis hin zum Sprossenbrokkoli, um nur einige zu nennen.

Superfood sind Lebensmittel mit einem besonders hohen Gehalt an Vitaminen, Mineralstoffen, Spurenelementen und sekundären Pflanzenstoffen. Deshalb gelten sie als besonders gesund. Exotische Früchte Körner, Samen und Gemüse mit einer hohen Nährstoffdichte haben sich als Superfood einen Namen gemacht. Doch Untersuchungen zeigen, dass viele heimische Obst- und Gemüsearten genauso reich an solchen wertvollen Inhaltsstoffen sind. Zudem sind sie viel frischer als ihre exotischen Konkurrenten, umso mehr, wenn sie direkt vor der eigenen Haustür angebaut werden. Im Superfood-Hochbeet finden Sie eine Vielfalt an Gemüse, reich an Nährstoffen, Vitaminen und Mineralstoffen.

ERST- UND VORFRÜHLING

Nach dem Winter ist der Appetit auf etwas Frisches aus dem Garten besonders groß. Deshalb wird das

Superfood aus dem eigenen Anbau! Schon im Frühling finden sich viele heimische Gemüsearten, die aufgrund ihrer Inhaltsstoffe zu diesen besonders gesunden Pflanzen zählen und die selbst anbaut werden können.

Beet im Frühjahr erst einmal mit vielen schnell wachsenden Arten bestückt, die bereits nach 8 Wochen geerntet werden können. Wenn Sie das Beet mit einer Frühbeethaube bedecken, geht es sogar noch etwas schneller.

Vorbereitung für den Heidelbeerstrauch

Heidelbeersträucher zählen zu den Moorbeetpflanzen, die in saurer Erde angebaut werden müssen. Sie sind auf Nährstoffe angewiesen, die nur in saurem Milieu verfügbar sind. Im Pflanzbereich des Strauchs muss die Hochbeeterde daher ausgetauscht werden. Wie Sie das am besten machen, lesen Sie auf den Seiten 142/143.

Ist das Pflanzbett für den Strauch fertig, können Sie ihn gleich im Frühjahr einsetzen. Planen Sie die Verwendung einer Frühbeethaube, setzen Sie die Heidelbeere später, denn der Strauch wird nicht unter die Haube passen. Heidelbeeren werden dem Su-

»EAT THE RAINBOW« – BUNT UND VIELSEITIG ESSEN

Gesund zu essen bedeutet immer auch vielfältig zu essen. Der Körper braucht einen »Regenbogen« aus Nährstoffen, Mineralien, Vitaminen, Spurenelementen und sekundären Pflanzenstoffen. Je mehr verschiedene Obst- und Gemüsearten Sie essen, desto wahrscheinlicher ist es, dass Sie Ihrem Körper alle lebensnotwendigen Stoffe in ausreichenden Mengen zuführen. Dabei kann man sich an den (natürlichen) Farben der Lebensmittel orientieren, denn jede Farbe deutet auf einen spezifischen Inhaltsstoff hin.

BEPFLANZUNG IM ERST- UND VORFRÜHLING

Gemüse	Sorten	Bemerkung	Alternative
1 Kulturheidelbeere	'Bluecrop', 'Berkeley'	Strauch, fertige Pflanze im Topf kaufen	Naturheidelbeere, wird nur 60 cm hoch (→ Seite 143)
2 Asia-Salat	Mischungen	Saatgut kaufen, Direktsaat ins Beet	Radieschen, Rucola
3 Blatt-Mangold	'Charly', 'Lukullus'	Saatgut kaufen, Direktsaat ins Beet	Spinat
4 Gartenkresse	---	Saatgut kaufen, Direktsaat ins Beet	---
5 Spinat	'Matador', 'Reddy' (rotstielig)	Saatgut kaufen, Direktsaat ins Beet	Blatt-Mangold
6 Radieschen	'Cherry Belle' (rot), 'Eiszapfen' (weiß)	Saatgut kaufen, im Frühjahr und Herbst keine Sommersorten anbauen	Asia-Salat, Rucola
7 Knoblauch	---	Knolle aus Bioanbau kaufen, einzelne Zehen stecken	Steckzwiebeln
8 Rucola	'Ruca', 'Speedy'	Saatgut kaufen, Direktsaat ins Beet	Asia-Salat, Radieschen
9 Kerbel	'Massa' (glattblättrig), 'Fijne Krul' (kraus)	Saatgut kaufen, Direktsaat ins Beet	---

perfood zugerechnet, weil sie zahlreiche Antioxidantien, Vitamine und Mineralstoffe enthalten, die das Immunsystem stärken.

Gesunde Blätter, Knollen und Zwiebeln

Auch das Blattgemüse in der Superfood-Bepflanzung zeichnet sich durch besondere Inhaltsstoffe aus. Alle eingeplanten Arten haben einen hohen Gehalt an Vitamin C. Mangold und Spinat zeichnen sich zudem durch einen hohen Eisengehalt aus. Asia-Salat, Rucola, Gartenkresse und die Radieschenknollen haben einen leicht scharfen Geschmack, der durch antibakteriell wirkende Senföle hervorgerufen wird. Kerbel enthält Bitterstoffe und beim Knoblauch sind es, wie bei allen Zwiebelgewächsen, antibakteriell wirkende Schwefelverbindungen, die ihn zum Superfood machen.

Reihe für Reihe das Beet bestellen

Fast alle Kulturen im Vor- und Erstfrühlingsbeet werden direkt ausgesät. Sie benötigen keine vorgezogenen Jungpflanzen. Messen Sie die Beetmitte aus und arbeiten Sie sich von dort aus zu beiden Seiten vor. In Richtung Heidelbeere ziehen Sie, 10 cm von der Beetmitte entfernt, eine 3 cm tiefe Rille für die Spinatsamen. Nehmen Sie eine Pflanzleine oder einen Stab zu Hilfe, damit die Reihen gerade werden (→ 103, Foto). Im Abstand von 20 cm zum Spinat ziehen Sie eine flache Rille für die Gartenkresse. Kressesamen sind Lichtkeimer, deshalb werden sie nur dünn mit Erde bedeckt. Noch einmal 20 cm weiter treffen Sie schon auf den abgetrennten Bereich für die Heidelbeere, sodass nur noch halbe Reihen ausgesät werden können. Die erste halbe Reihe ist für den Schnitt-Mangold vorgesehen. Im Abstand von jeweils 20 cm werden zwei Reihen Asia-Salat ausgesät. Mangold und Asia-Salat keimen besser im Dunkeln, sodass die Saatrillen wieder 2–3 cm tief sein sollten.

Auf der anderen Beethälfte säen Sie, 10 cm von der Mitte entfernt, Radieschen aus. 25 cm weiter markieren Sie den Platz für den Knoblauch, säen dann aber erst einmal, wieder im Abstand von 25 cm, eine Reihe Rucola und 20 cm weiter eine Reihe Kerbel aus. Rucola wird tief gesät, Kerbel als Lichtkeimer flach. Stecken Sie an alle Reihen ein Etikett mit Aussaatdatum und Pflanzennamen.

Im Vollfrühling und Frühsommer bekommt das Hochbeet ein neues Gesicht. Der stark wachsende Topinambur wird in Töpfen ins Beet gesetzt, damit er andere Pflanzen nicht verdrängt.

Knoblauch stecken

So wie man es von Steckzwiebeln kennt, werden auch Knoblauchzehen gesteckt. Sie können als Steckmaterial einfach eine Knolle Bioknoblauch verwenden. Lösen Sie die Zehen von der zentralen Mutterzwiebel in der Mitte der Knolle ab und stecken Sie sie, im Abstand von 10 cm und mit dem Zwiebelboden nach unten, ungefähr 2–3 cm tief in die Erde hinein.

VOLLFRÜHLING UND FRÜHSOMMER

Der erste Satz Gemüse aus dem Vor- und Erstfrühling wird schon sehr bald geerntet sein. Im Vollfrühling und Frühsommer kann das Beet dann wieder fast komplett neu bepflanzt werden. Die Kulturheidelbeere bleibt allerdings für mehrere Jahre stehen und der Knoblauch braucht für seine Entwicklung etwas länger als die anderen Gemüsearten. Nach und nach wird das Beet bis zum Frühsommer sein Gesicht ändern.

Zu dicht aufgelaufene Pastinaken werden auf einen Abstand von 10 cm vereinzelt.

Topinambur in Töpfen ins Beet setzen

Topinambur ist – wie die Sonnenblume – ein Korbblütlergewächs, das unter der Erde essbare Knollen entwickelt. Diese enthalten viel wertvolles Inulin, das sich positiv auf die Darmflora auswirkt. Der Anbau von Topinambur ist zwar einfach, aber nicht ganz unproblematisch, denn die Pflanzen breiten sich sehr stark aus. Im Hochbeet muss man deshalb dafür sorgen, dass sie nicht nach kurzer Zeit das komplette Beet einnehmen. Pflanzen Sie die Knollen daher in große Töpfe oder Eimer mit einem Durchmesser von 30 cm und versenken Sie diese im Beet. Das Gefäß bildet eine Wurzelsperre und grenzt die Ausbreitung der Pflanze gezielt ein. Topinamburpflanzen werden bis zu 2,5 m hoch. Es gibt aber Sorten, die deutlich kleiner bleiben und sich deshalb besser für das Hochbeet eignen.

Pastinaken säen

Sobald die Rucola abgeerntet ist, können Pastinaken im Hochbeet gesät werden. Wie die Möhre gehört

BEPFLANZUNG IM VOLLFRÜHLING UND FRÜHSOMMER

Gemüse	Sorten	Bemerkung	Alternative
1 Topinambur	'Topstar', 'Dwarf', 'Dave's Shrine'	Knollen kaufen, in große Töpfe setzen und im Beet einsenken	Pastinaken, enthalten ebenfalls Inulin
2 Rote Bete	'Rote Kugel', 'Foniro' (walzenförmig)	8 Jungpflanzen kaufen oder Anzucht 8 Wochen vorher beginnen	Mangold
3 Kürbis	'Hokkaido', 'Sweet Dumpling'	1 Jungpflanze kaufen oder Anzucht 6 Wochen vorher beginnen	Landgurke oder Mini-Schlangengurke
4 Sommerportulak	---	Saatgut kaufen, Direktsaat ins Beet	Rucola, Babyleaf-Salat
5 Pastinaken	'Aromata', 'Halblange Weiße'	Saatgut kaufen, Direktsaat ins Beet	späte Möhren
6 Kapuzinerkresse	rankende und nichtrankende Mischungen	Saatgut kaufen, Direktsaat oder Anzucht 6 Wochen vorher beginnen	---

die Pastinake zur Familie der Doldenblütler. Sie bildet weiße, etwas dickere Rüben als Möhren und hat eine längere Kulturzeit. Pastinaken werden dem Superfood zugerechnet, weil sie einen hohen Kaliumgehalt aufweisen und, wie Topinambur, Inulin als Inhaltsstoff haben.

Wiederentdeckt: Sommerportulak

Der einjährige Sommerportulak war lange in Vergessenheit geraten, erfreut sich aber zunehmend großer Beliebtheit. Er passt sehr gut in das Superfoodbeet, denn er enthält viele Vitamine, ätherische Öle und blutreinigende Omega-3-Fettsäuren Der Sommerportulak folgt auf den Schnitt-Mangold. Er bildet rötliche Stängel mit eiförmigen, fleischigen Blättern. Portulak wächst schnell und buschig. Seine Triebe haben einen leicht nussig-säuerlichen, salzigen Geschmack. Sommerportulak ist nicht winterhart, verwechseln Sie ihn nicht mit dem Postelein, der auch Winterportulak genannt wird und über den Winter im Beet stehen bleiben kann.

Kürbis, Rote Bete und Kapuzinerkresse

Sein Gehalt an Kalium, Folsäure und Vitamin C macht den Kürbis zu einem Superfood. Bei der Roten Bete kommen noch die hohen Gehalte an Eisen, Magnesium, Kalium und Kalzium hinzu. Von der Kapuzinerkresse sind die senfölhaltigen Blätter und Blüten sehr gesund. Setzen Sie die drei Arten als Jungpflanzen ins Hochbeet. Sie sind sehr einfach anzuziehen. Füllen Sie kleine Töpfe (8–9 cm Durchmesser) mit Aussaaterde und stecken Sie in jeden Topf ein bis zwei Samenkörner. Da alle drei Pflanzen große Samen haben, ist das ganz einfach. Nach etwa 3–4 Wochen pflanzen Sie die Töpfe im Hochbeet aus. Achten Sie beim Kürbis darauf, eine Sorte mit kleinen Früchten zu bekommen, z. B. einen Hokkaido-Kürbis. Pflanzen Sie ihn so, dass seine Triebe über den Beetrand hinauswachsen können.

HOCH- UND SPÄTSOMMER

Wenn Sie im Spätherbst und Winter frisches Superfood aus Ihrem Hochbeet ernten möchten, müssen Sie im Sommer schon die Grundlagen dafür schaffen, denn viele Wintergemüse haben eine lange Kulturzeit und müssen früh genug gesät oder gepflanzt werden. Zuvor jedoch gibt es einiges zu ernten.

Superfood-Sommerernte

Im Sommer können Sie Heidelbeeren, Sommerportulak, Rote Bete und Kapuzinerkresse von Ihrem Superfood-Hochbeet ernten.
Im Hochsommer färben sich die Heidelbeeren blau.

Im Hochsommer zeigt sich das Superfoodbeet von seiner bunten Seite: Kürbis und Kapuzinerkresse leuchten um die Wette, der Topinambur zeigt erste Blüten und die Heidelbeeren ihre blauen Früchte.

Sommerportulak schmeckt leicht salzig und nussig – gut zum Verfeinern von Salaten und Kräuterquark.

Die Knoblauchknollen können geerntet werden, wenn das Laub zu welken beginnt.

Sie reifen nicht alle gleichzeitig, sondern nach und nach. So können Sie über mehrere Wochen Früchte zum Naschen, für ein Dessert oder ein Müsli pflücken. Heidelbeeren zählen übrigens zu den Früchten mit einem geringen Zuckergehalt und haben daher nur wenig Kalorien. Zeitgleich zu den Heidelbeeren beginnt auch der Knoblauch reif zu werden. Sie erkennen das daran, dass sich Laub und Stängel von Grün nach Gelb verfärben. Sind zwei Drittel der Pflanze gelb, wird die Knolle geerntet.
Für den Salatteller liefert Ihnen das Superfoodbeet den ganzen Sommer über frische Triebe des Sommerportulaks. Schneiden Sie laufend frische Spitzen ab und geben Sie die würzigen Blätter in einen gemischten Salat.
Zum Ende des Hochsommers sind dann auch die Roten Beten so groß, dass sie geerntet werden können. Ziehen Sie immer die dicksten Knollen aus der Erde, so haben die kleineren noch etwas Zeit und Platz, um größer zu werden.

Superfood Kohl für den Winter pflanzen

Als Wintervorrat sind Kohlarten im Superfoodbeet bedeutende Gemüse. Sie werden im Spätsommer gepflanzt. Vor allem der Grünkohl hat sich wegen seines hohen Gehalts an Mineralstoffen und Vitaminen

BEPFLANZUNG IM HOCH- UND SPÄTSOMMER

Gemüse	Sorten	Bemerkung	Alternative
1 Fenchel	'Rondo', 'Fino', beide schossfest	4 Jungpflanzen kaufen oder Anzucht 8 Wochen vorher beginnen	---
2 Zuckerhut	'Uranus', 'Jupiter'	3 Jungpflanzen kaufen oder Anzucht 6 Wochen vorher beginnen	Radicchio
3 Radicchio	'Palla Rossa' (rund), 'Granato' (länglich)	3 Jungpflanzen kaufen oder Anzucht 6 Wochen vorher beginnen	Zuckerhut
4 Grünkohl	'Lerchenzungen', 'Redbor' (rotviolett)	3 Jungpflanzen kaufen oder Anzucht 6 Wochen vorher beginnen	Palmkohl
5 Sprossenbrokkoli	'Early Purple Sprouting'	3 Jungpflanzen kaufen oder Anzucht 6 Wochen vorher beginnen	Brokkoli »Calabrese«

in den letzten Jahren einen Namen als Superfood gemacht. Aber auch der mehrfach erntbare Sprossenbrokkoli muss sich mit seinen Inhaltsstoffen nicht verstecken. Spätestens Anfang August sollten vorgezogene Grünkohl- und Brokkoli-Jungpflanzen in die Erde gebracht werden, denn sie haben eine lange Kulturzeit und sollten möglichst ausgereift in den Winter gehen. Der Grünkohl folgt im Beet auf den Knoblauch. Ist dieser noch nicht vollständig geerntet, setzen Sie die Kohl-Jungpflanzen einfach dazwischen. Der Sprossenbrokkoli wird an den Beetrand gesetzt. Solange die Kapuzinerkresse noch schön ist, kann auch sie im Beet stehen bleiben. Schaffen Sie etwas Platz für den Rotkohl, indem Sie entweder einzelne Kressepflanzen schon herausnehmen oder an den entsprechenden Stellen ein paar Ranken zurückschneiden.

Bittere Zichoriensalate

Sobald die Roten Beten abgeerntet sind, ist im Hochbeet Platz für eine Reihe Zichoriensalate. Sie enthalten Bitterstoffe, die die Leber- und Gallenfunktion anregen, sodass Vitalstoffe effizienter vom Körper aufgenommen werden. Mischen Sie z. B. rotblättrigen Radicchio und grünen Zuckerhut, was optisch sehr reizvoll ist, oder entscheiden Sie sich für die eine oder andere Art. Ziehen Sie die Salatpflänzchen selber vor, denn als Jungpflanzen werden sie eher selten angeboten.

Fenchel pflanzen

Sommerportulak kann bis Ende des Hochsommers geerntet werden. Im Spätsommer können Knollenfenchel-Jungpflanzen seinen Platz einnehmen. Fenchel ist sehr wärmebedürftig, Bei tieferen Temperaturen geht er schnell in die Blüte, ohne dicke Knollen zu bilden. Achten Sie deshalb darauf, schossfeste Sorten anzuziehen oder zu kaufen, bei denen das nicht so leicht passiert.

FRÜH- UND VOLLHERBST

In den Herbstwochen ist das Superfoodbeet voll belegt mit Kräutern, Gemüse und dem Heidelbeerstrauch. Kulturen, die erst im Sommer gepflanzt worden sind, befinden sich noch in der Wachstumsphase. Es gibt aber auch erntereifes Gemüse. Salat, der dann später im Winter geerntet werden kann, wird im Frühherbst vorgezogen und noch im Vollherbst ins Hochbeet gepflanzt.

Superfood Herbsternte

Schon im Frühherbst werden Sie Kürbisse ernten können. Je nach Sorte und Pflanzzeitpunke sind die Früchte etwa ab Mitte September so weit. Reife Kürbisse haben einen verholzten Stiel und klingen hohl,

Ein vielfältige Superfoodangebot, das Appetit macht: Beim Sprossenbrokkoli sind die ersten Röschen, bei den Pastinaken die ersten Rüben erntereif. Der Kürbis macht Platz für Neues.

Vom Grünkohl gibt es auch dekorative rotblättrige Sorten, z. B. 'Redbor'.

Hokkaido-Kürbisse können mitsamt der Schale gekocht und verspeist werden.

wenn man auf die Frucht klopft. Kürbisse mögen es warm und müssen unbedingt vor dem ersten Frost geerntet werden. Nach der Ernte entfernen Sie auch gleich die Kürbispflanze, damit ihr Platz noch einmal belegt werden kann.
Spätestens Ende September entfernt man die Kapuzinerkresse aus dem Beet. Sie würde zwar noch bis zum ersten Frost weiterblühen, aber der Sprossenbrokkoli ist jetzt so groß, dass er den Platz braucht. Weiterhin beginnt im Vollherbst die Pastinakenernte. Ziehen Sie immer nur die größten Rüben aus der Erde, denn die kleineren wachsen auch im Herbst noch weiter und werden dicker. Pastinaken vertragen tiefe Temperaturen. Rüben, die nach dem ersten Frost geerntet werden, schmecken sogar noch würziger als die früher geernteten. Ihr Aroma erinnert an eine Mischung aus Möhren und Sellerie.

Eimerweise Topinambur ernten

Die Ernte von Topinambur kann im Herbst beginnen, sobald die oberirdischen Pflanzenteile absterben. Sie müssen aber keineswegs alle Knollen auf einem mal ernten, denn Topinambur ist frosthart, sodass er den ganzen Winter über im Beet bleiben kann. Haben Sie die Knollen in großen Töpfen oder Eimern im Hochbeet versenkt, können Sie diese jetzt einzeln herausnehmen. Schneiden Sie zunächst die Stängel 20 cm über dem Boden ab.
Dann heben Sie das Pflanzgefäß aus der Versenkung und ziehen den Wurzelballen aus dem Topf. Lockern Sie die Erde auf und sammeln Sie die Topinamburknollen ein. Ein paar Knollen pflanzen Sie gleich wieder in frische Erde in das Gefäß und versenken es wieder im Beet. Der Rest kommt frisch auf den Tisch oder wird kühl und dunkel gelagert.

BEPFLANZUNG IM FRÜH- UND VOLLHERBST

Gemüse	Sorten	Bemerkung	Alternative
1 Feldsalat	'Elan', 'Vit', 'Amely'	Saatgut kaufen, Direktaussaat oder Anzucht 4–6 Wochen vorher beginnen	Postelein, Spinat, Asia-Salat

TOPINAMBUR AUCH ROH ESSBAR

Topinambur gelangte im 17. Jahrhundert aus Mittelamerika nach Europa und gehörte lange Zeit zu den Grundnahrungsmitteln. Später wurde sie von den ertragreicheren Kartoffeln, die sich zudem besser lagern lassen, verdrängt. Im Gegensatz zur Kartoffel, die ungekocht giftig ist, kann Topinambur auch roh verzehrt werden. In dünne Scheiben geschnitten, schmeckt die Knolle als Carpacchio oder in einem Salat. Topinambur ist sehr gesund, kann aber anfangs Blähungen auslösen. Beginnen Sie mit dem Verzehr einer kleinen Menge und steigern Sie diese langsam.

Feldsalat vorziehen und pflanzen

Feldsalat gilt vor allem aufgrund seines hohen Gehalts an Eisen und Vitamin C als gesund. Er hat seinen Platz als Wintersalat im Superfoodbeet mehr als verdient, denn kaum ein anderer Salat übersteht die kalte Jahreszeit so gut wie er. Sind Sie kein Freund des Feldsalats oder möchten Sie eine Abwechslung, ist der Winterpostelein eine gute Alternative.

Da der Kürbis erst im Vollherbst seinen Platz im Beet für den Salat räumt, ziehen Sie Feldsalat oder Postelein am besten vor. Wie die Anzucht gelingt, finden Sie auf den Seiten 149/150.

Sobald der Platz frei ist, können die vorgezogenen Salatpflänzchen ins Hochbeet gesetzt werden.

SPÄTHERBST UND WINTER

Frisches Gemüse mit vielen Vitaminen und Mineralstoffen ist besonders in der dunklen Jahreszeit heiß begehrt. Da kommt die Ernte aus dem Superfood-Hochbeet richtig gut an, denn auch im Spätherbst und Winter ist es noch gut bestückt mit Knollen- und Kohlgewächsen sowie mit Salaten.

Sogar im Spätherbst und Winter gibt es frisches Superfood direkt vom Hochbeet: Kohl, Topinambur und Feldsalat werden laufend frisch geerntet, Zichoriensalate und Fenchel lassen sich lange lagern.

Knollenfenchel und Zichoriensalate ernten

Zuckerhut und Radicchio, die Salate mit den gesunden Bitterstoffen im Superfoodbeet, vertragen tiefe Temperaturen und tolerieren auch die eine oder andere Frostnacht. Ende Oktober sollten sie allerdings abgeerntet sein. Können Sie die Salate nicht so schnell verbrauchen, wie sie geerntet werden müssen, lagern Sie sie eine Weile ein. Besonders gut halten sie sich in einer Erdmiete (→ Seite 121). Sie können die Köpfe auch in Zeitungspapier einschlagen und in eine Kiste legen, die Sie an einen kühlen Ort, beispielsweise auf dem Balkon oder der Terrasse,

stellen. So haben Sie die Salate immer griffbereit in der Nähe der Küche.
Der Knollenfenchel sollte ebenfalls vor einer längeren Frostperiode abgeerntet sein. Wie die Salate kann auch er in einer Erdmiete, eingeschlagen in einer Kiste oder im Kühlschrank, einige Wochen lang gelagert werden.

Topinambur hat im Winter Hochsaison

Im Handel hat der Topinambur von Oktober bis April Hochkonjunktur. Kein Wunder, denn die Knollen sind zwar nicht gut lagerfähig, können aber den ganzen Winter über geerntet werden. Solange der Boden nicht gerade durchgefroren ist, können Sie die Knollen Topf für Topf ernten. Am besten halten Sie bei jedem Erntevorgang einen Sack Blumenerde bereit, damit Sie gleich ein paar Knollen wieder eintopfen können.

Sprossenbrokkoli und Grünkohl ernten

Beide Kohlarten können den ganzen Winter über im Beet stehen bleiben. Mit ihrer Ernte beginnen Sie im Spätherbst. Sprossenbrokkoli bringt viele kleine Blumen hervor, im Gegensatz zu der bei uns bekannteren Brokkoliform »Calabrese«, von der ein großer Kopf geerntet wird. Die Röschen wachsen über einen langen Zeitraum immer wieder nach. Schneiden Sie sie zusammen mit den etwa 10 cm langen Stielen, die ebenfalls essbar sind. Ist der Winter nicht allzu hart, kann bis in das nächste Frühjahr hinein geerntet werden, meistens mit einer Pause im Januar und Februar.
Vom Grünkohl ernten Sie entweder den ganzen Strunk oder auch nur einzelne Blätter. Grünkohl schmeckt übrigens, wie ja bekannt ist, nach dem ersten Frost besonders gut.
Aus Grünkohl kann man übrigens sehr schnell leckere Chips herstellen. Zupfen Sie fünf Grünkohlblätter von der Mittelrippe ab und mischen Sie diese mit 1 Esslöffel Zitronensaft, 2 Esslöffeln Olivenöl, 1 Esslöffel Sesam und ½ Teelöffel Salz. Verteilen Sie die Grünkohlblätter auf einem Backblech. Backen Sie die Blätter etwa 10 Minuten bei 180 °C im Ofen, dabei einmal wenden. Die Chips sind fertig, wenn sie schön braun und knusprig sind.

Radicchio bringt Farbe auf den Teller. Bei Temperaturen bis -5 °C kann er im Beet bleiben.

Von Sprossenbrokkoli erntet man mehrfach Röschen, die aus den Blattachseln austreiben.

Topinamburknollen wachsen unterirdisch. Beim Ernten trennt man sie von den Sprossen ab.

DIE BEPFLANZUNG SELBER PLANEN

Einen Pflanzplan aufzustellen macht sehr viel Spaß, nimmt aber auch einige Zeit in Anspruch. Bereiten Sie für die Planung eine Skizze von Ihrem Beet und eine Tabelle mit Ihren Wunschpflanzen vor.

Die Bepflanzungsbeispiele nachzupflanzen ist für Anfänger eine gute Sache, um Erfahrungen mit dem Anbau von Gemüse und Kräutern zu sammeln. Oftmals entstehen dabei eigene Ideen, die man gern umsetzen möchte. Eine Hochbeetbepflanzung für ein ganzes Jahr zu planen ist eine komplexe Aufgabe und sollte gut durchdacht sein. Auch erfahrene Gärtner und Gärtnerinnen müssen überlegen, puzzeln und Reihen und hin und her schieben, bis ein fertiger Plan steht. Ist der Entwurf fertig, ist die Hochbeetbestellung das Jahr über einfach und schnell erledigt. Auf den folgenden Seiten, den anschließenden Tabellen und in dem Kapitel »Pflanzen für das Hochbeet« ab Seite 70 finden Sie alle wichtigen Informationen für Ihre eigenen Beetplanungen.

FRUCHTFOLGE & FRUCHTWECHSEL

Bei der Planung einer Bepflanzung ist es wichtig, in der Abfolge der Gemüsekulturen unterschiedliche Arten nacheinander anzubauen. Auf Spinat folgt

Anregungen für eine eigene Bepflanzungsplanung finden Sie in Saatgutkatalogen und in vielen Gartenbüchern. Die Kataloge kommen jedes Jahr neu heraus und werden im Winter verschickt. Sie informieren insbesondere über neue Sorten.

Fruchtfolge: nach der Ernte einer Gemüseart Jungpflanzen aus einer anderen Familie einsetzen.

Mischkultur: nie Pflanzen einer Familie nebeneinandersetzen, sondern z. B. Korb- neben Kreuzblütler.

also nicht ein weiterer Satz Spinat, sondern z. B. eine Reihe Salat. Diese Fruchtfolge spielt aufgrund des Nährstoffbedarfs verschiedener Pflanzen und aus Gründen der Pflanzengesundheit eine große Rolle.

Jährlicher Fruchtwechsel

In großen Gemüsegärten hat sich das System einer Drei- oder Vierfelderwirtschaft als erfolgreich erwiesen. Die Nutzpflanzen werden aufgrund ihres Nährstoffbedarfs in Stark-, Mittel- und Schwachzehrer eingeteilt und auf getrennte Beete gepflanzt. Nach Düngung eines Beets mit Kompost oder Mist pflanzt man dort zunächst die Gruppe der Starkzehrer. Dazu gehören z. B. Tomaten, Zucchini, Kürbis und Kohl. Im Folgejahr rücken die Starkzehrer auf das nächste Beet, das zuvor wieder mit Mist oder Kompost angereichert wird. In dem ursprünglichen Starkzehrerbeet folgen die Mittelzehrer, die dort noch genügend Nährstoffe vorfinden. Mittelzehrer sind z. B. Möhren, viele Salate, Rote Bete und Spinat. Im dritten Jahr reicht der Nährstoffgehalt nur noch für Schwachzehrer. Dazu zählen Feldsalat, Radieschen, Erbsen, Bohnen und viele Kräuter. In der Dreifelderwirtschaft käme nach den Schwachzehrern wieder eine kräftige Düngung und eine erneute Bepflanzung mit Starkzehrern. In der Vierfelderwirtschaft wird zusätzlich eine Anbaupause eingeplant, die dem Boden Gelegenheit gibt, sich zu erholen. In dieser Pause bleibt der Boden aber nicht brach liegen. Statt Gemüse wird eine Gründüngung ausgesät, die später in den Boden eingearbeitet wird.

Förderung der Pflanzengesundheit

Für die Pflanzengesundheit ist die Fruchtfolge von großer Bedeutung. Berücksichtigen Sie bei der Beetplanung, dass nicht nur eine andere Gemüseart auf eine abgeerntete Kultur folgt, sondern dass die Folgekultur auch einer anderen Pflanzenfamilie angehört. So darf z. B. nach Radieschen kein Kohl gepflanzt werden, weil sowohl das Radieschen als auch die Kohlarten zur Familie der Kreuzblütler gehören. Stattdessen könnten nach den Radieschen z. B. Tomaten, die zur Familie der Nachtschattengewächse gehören, oder Möhren aus der Familie der Doldenblütler folgen. Krankheiten und Schädlinge sind meistens auf eine Pflanzenfamilie spezialisiert. Kreuzblütler können sich mit Krankheiten gegenseitig anstecken. Auf eine andere Pflanzenfamilie werden die Erreger in der Regel nicht übertragen. Bei den Porträts ab Seite 70 ist deshalb zu jeder Gemüseart die Pflanzenfamilie angegeben.

MISCHKULTUR

Wie bei der Fruchtfolge geht es auch in der Mischkultur um Pflanzengesundheit und um eine gute Nährstoffausnutzung des Bodens. Während man sich bei den Überlegungen zur Fruchtfolge mit einem günstigen Nacheinander der Gemüsekulturen in einer Saison beschäftigt, bezieht man sich bei einer Mischkultur auf das Miteinander der Pflanzen. Eine Mischkultur setzt sich aus Pflanzen zusammen, die gleichzeitig auf dem Beet stehen. Ob es sich dabei um eine gute oder um eine schlechte Nachbarschaft handelt, hängt von ganz verschiedenen Faktoren ab.

Damit die Pflanzen gesund bleiben, ist es wichtig, darauf zu achten, dass Mitglieder einer Pflanzenfamilie genügend Abstand zueinander haben, denn sie bekommen die gleichen Krankheiten und konkurrieren um die gleichen Nährstoffe. Eine große Bedeutung haben in der Mischkultur Wurzelausscheidungen und Düfte. Diese können förderlich sein oder den Nachbarpflanzen schaden. Möhren und Zwiebeln bilden z. B. eine gute Nachbarschaft. Der Duft der Möhren vertreibt die für die Zwiebeln gefährliche Zwiebelfliege, der Zwiebelduft wirkt seinerseits gegen die Möhrenfliege.

KORB- UND KREUZBLÜTLER

In einer typischen Hochbeetbepflanzung mit schnellwüchsigen Salaten, zartem Blattgemüse und knackigen Knollen sind meist viele Korbblütler und Kreuzblütler vertreten. Achten Sie darauf, dass die Vertreter dieser Familien im Beet gut verteilt sind und weder nach- noch nebeneinander angebaut werden. Oft lässt es sich so einrichten, dass auf einen Korbblütler, z. B. Pflücksalat oder Kopfsalat, ein Kreuzblütler folgt, wie z. B. Rucola oder Asia-Salat. Umgekehrt funktioniert es natürlich genauso: Nach den frühen Kreuzblütlern wie Radieschen und Kohlrabi passen prima Romana- und Multileaf-Salate ins Beet. Der Pflanzengesundheit tut dieser Wechsel auf jeden Fall gut.

Auch das Wuchsverhalten der Pflanzen wird in einer Mischkultur bedacht. So wachsen Tiefwurzler am besten neben Flachwurzlern und Pflanzen, die in die Breite wachsen, neben solchen, die schmal und nach oben ausgerichtet sind. In den Tabellen finden Sie viele Beispiele für gute und schlechte Nachbarpflanzen (→ Seite 166–169).

Die Gesetzmäßigkeiten der Mischkultur beruhen auf Beobachtungen vieler Generationen von Gärtnerinnen und Gärtnern. Sie stimmen nicht alle überein – kein Wunder, denn die Voraussetzungen in den Gärten sind ja sehr unterschiedlich. Orientieren Sie sich an den Empfehlungen anderer, aber verlassen Sie sich später auf Ihre eigenen Beobachtungen, die für Ihr Hochbeet von größerer Bedeutung sind.

Fruchtfolge und Mischkultur im Hochbeet

Auf einem einzigen Hochbeet lässt sich keine Vierfelderwirtschaft umsetzen. Der Fruchtwechsel zwischen Stark-, Mittel- und Schwachzehrern rückt bei der Bewirtschaftung eines Hochbeetes daher in den Hintergrund. Wichtig bleibt aber die Beachtung der Fruchtfolge. Achten Sie möglichst darauf, dass auf eine abgeerntete Gemüsekultur eine Pflanzenart aus einer anderen Familie folgt. Unter dem Gesichtspunkt der Mischkultur gehen Sie genauso vor: Planen Sie die Pflanzreihen, die gleichzeitig im Beet stehen so, dass immer Arten aus unterschiedlichen Familien nebeneinanderstehen.

Achten Sie darauf, dass vor allem im ersten Jahr, nachdem es frisch gefüllt wurde, immer ein paar Starkzehrer auf dem Beet stehen. Denn durch den hohen Anteil an Kompost stehen sehr viele Nährstoffe zur Verfügung. Ohne die Pflanzen, die viele Nährstoffe verbrauchen, wäre der Nährstoffgehalt für die anderen Pflanzen zu hoch.

SCHRITT FÜR SCHRITT PLANEN

Im ersten Moment erscheinen all die Informationen, die es bei der Beetplanung zu berücksichtigen gilt, verwirrend und einfach zu viel. Doch keine Sorge: Von Mal zu Mal wird die Planung leichter. Außerdem muss nicht gleich alles perfekt sein. Was im ersten Jahr nicht gut läuft, kann im nächsten nur besser werden. Am besten gehen Sie Schritt für Schritt vor.

Schritt 1: Lieblingspflanzen zusammenstellen
Zu Beginn der Planungen stellen Sie eine Liste mit Ihren Lieblingspflanzen zusammen und tragen diese in eine Tabelle ein. Notieren Sie zu jeder Pflanze, zu welcher Familie sie gehört, wann sie gepflanzt oder gesät werden kann, wie lange sie auf dem Beet bleibt und welchen Nährstoffbedarf sie hat.

Schritt 2: Pflanzen für Ihre Startzeit festlegen
Je nachdem, wann Sie ins Hochbeetgärtnern einsteigen, legen Sie nun die Pflanzen fest, die zu dieser Zeit gesetzt werden können. Für eine Bepflanzung Ende April markieren Sie z. B. alle Pflanzen, die in den Vollfrühling passen.

Schritt 3: Anzahl der Reihen festlegen
Im Hochbeet können Sie von einem durchschnittlichen Reihenabstand von 25–30 cm ausgehen. In ein 2 m langes Beet passen also sieben bis acht Reihen. Suchen Sie aus Ihren Favoriten die entsprechende Anzahl an Gemüsekulturen aus.

Schritt 4: Abfolge der Reihen festlegen
Jetzt beginnt die Puzzlearbeit: Legen Sie eine Skizze von Ihrem Beet an und verteilen Sie die Gemüsereihen so, dass nie zwei Arten aus einer Familie nebeneinanderstehen. Zusätzlich können Sie in der Tabelle nach Empfehlungen für eine gute Nachbarschaft schauen. Arbeiten Sie z. B. mit Klebezetteln, die sich leicht umsetzen lassen. Steht Ihre Planung, halten Sie sie unbedingt fest. Sie brauchen sie, wenn Sie geerntet haben und nachpflanzen wollen. Achten Sie dabei zusätzlich darauf, dass Sie die nachzupflanzenden Reihen mit Arten aus einer anderen Familie belegen. Anhand Ihres Plans können Sie eine Einkaufsliste für Saatgut und Jungpflanzen erstellen.

BEISPIEL FÜR EINE PLANUNGSLISTE

Gemüse	Pflanzenfamilie	Pflanzzeit	Standdauer	Nährstoffbedarf
Tomaten	Nachtschattengewächse	Vollfrühling	4–5 Monate	Starkzehrer
Rucola	Kreuzblütler	Erst-/Vollfrühling und Spätsommer	6–8 Wochen	Schwach- bis Mittelzehrer
Radieschen	Kreuzblütler	Erst-/Vollfrühling	6–8 Wochen	Schwachzehrer
Kohlrabi	Kreuzblütler	ab Erstfrühling bis Spätsommer	10–12 Wochen	Mittelzehrer
Kopfsalat	Korbblütler	Erst-/Vollfrühling	8–10 Wochen	Mittelzehrer
Pflücksalat	Korbblütler	ab Erstfrühling bis Spätsommer	6–8 Wochen	Mittelzehrer
Bohnen	Schmetterlingsblütler	Vollfrühling, Frühsommer	8–10 Wochen	Schwachzehrer
Zucchini	Schmetterlingsblütler	Vollfrühling	3–4 Monate	Starkzehrer
Feldsalat	Baldriangewächse	Spätsommer bis Frühherbst	6–8 Wochen oder über Winter	Schwachzehrer
Möhren	Doldenblütler	Erstfrühling bis Frühsommer	3–4 Monate	Mittelzehrer
Spinat	Gänsefußgewächse	Erst-/Vollfrühling und Frühherbst	6–8 Wochen	Mittelzehrer

IM ÜBERBLICK: GEMÜSE, SALATE, KRÄUTER

GEMÜSE UND SALATE

	Gute Partner	Schlechte Partner	Pflanztermin	Nährstoff-bedarf
Asia-Salat	Postelein	Kohlrabi, Pak Choi	Vor-Fr/Erst-Fr	Sw-M
Aubergine	Kohl, Salat, Spinat	Tomaten, Paprika, Rote Bete, Fenchel	Voll-Fr/Früh-S	S
Bataviasalat	Bohnen, Erbsen, Gurke, Kohl	andere Salate, Petersilie, Sellerie	Vor-Fr bis Spät-S	M
Blumenkohl	Bohnen, Erbsen, Porree, Spinat	andere Kohlarten, Zwiebeln, Knoblauch	Voll-Fr/Früh-S	S
Brokkoli	Bohnen, Erbsen, Porree, Spinat	andere Kohlarten, Zwiebeln, Knoblauch	Voll-Fr/Früh-S	S
Buschbohne	Bohnenkraut, Aubergine, Gurken	Porree, Zwiebeln	Voll-Fr/Früh-S	Sw-M
Chinakohl	Bohnen, Erbsen, Porree, Spinat	andere Kohlarten, Zwiebeln, Knoblauch	Hoch-S/Spät-S	S
Eichblattsalat	Bohnen, Erbsen, Gurke, Kohl	andere Salate, Petersilie, Sellerie	Vor-Fr bis Spät-S	M
Endivie	Porree, Kohl, Möhren	Petersilie	Hoch-S/Spät-S	M
Erbsen	Salate, Dill	Bohnen, Porree, Zwiebeln	Vor-Fr/Erst-Fr, Früh-H (Sprossen)	S-M
Feldsalat	Bohnen, Erbsen, Zwiebel, Endivie	--	Spät-S bis Früh-H	Sw-M
Gartenmelde	Erbsen, Gurken, Sellerie	Mangold, Spinat, Rote Bete	Vor-Fr/Erst-Fr	M
Grünkohl	Bohnen, Erbsen, Porree, Spinat	andere Kohlarten, Zwiebeln, Knoblauch	Hoch-S/Spät-S	S
Gurke	Bohnen, Erbsen, Rote Bete, Fenchel	Kürbis, Radieschen, Rettich	Voll-Fr/Früh-S	S
Knoblauch	Gurken, Möhren, Erdbeeren, Salate	Kohlgewächse	Vor-Fr/Erst-Fr, Voll-F/Früh-S	Sw-M
Knollenfenchel	Endivie, Gurken, Salate	Kohlrabi, Bohnen, Tomaten	Hoch-S/Spät-S	M
Kohlrabi	Bohnen, Erbsen, Rote Bete	Knollenfenchel	Vor-Fr/Erst-Fr	M

Vor-Fr: Vorfrühling Erst-Fr: Erstfrühling Voll-Fr: Vollfrühling Früh-S: Frühsommer Hoch-S: Hochsommer Spät-S: Spätsommer Früh-H: Frühherbst Sw: Schwachzehrer M: Mittelzehrer S: Starkzehrer

	Gute Partner	Schlechte Partner	Pflanztermin	Nährstoff-bedarf
Kopfsalat	Bohnen, Erbsen, Gurken, Kohl	andere Salate, Petersilie, Sellerie	Vor-Fr/Erst-Fr, Früh-H	M
Kürbis	Bohnen, Erbsen, Rote Bete, Fenchel	Gurken, Radieschen, Rettich	Voll-Fr/Früh-S	S
Mangold	Möhren, Radieschen, Bohnen	Rote Bete, Spinat	Voll-Fr/Früh-S, Hoch-S/Spät-S	M
Möhren	Zwiebeln, Dill	Pastinaken, Pfefferminze	Vor-Fr/Erst-Fr, Voll-Fr/Früh-S	M
Multileaf-Salat	Bohnen, Erbsen, Gurken, Kohl	andere Salate, Petersilie, Sellerie	Vor-Fr bis Spät-S	M
Pak Choi	Bohnen, Erbsen, Porree, Spinat	andere Kohlarten, Zwiebeln, Knoblauch	Voll-Fr/Früh-S, Hoch-S/Spät-S	S
Palmkohl	Bohnen, Erbsen, Porree, Spinat	andere Kohlarten, Zwiebeln, Knoblauch	Hoch-S/Spät-S	S
Paprika/Chili	Gurken, Kohl, Möhren	Tomaten, Auberginen	Voll-Fr/Früh-S	S
Pastinaken	Bohnen, Erbsen, Salate	Pfefferminze, Möhren	Vor-Fr/Erst-Fr	M
Pflücksalat	Bohnen, Erbsen, Gurken, Kohl	andere Salate, Petersilie, Sellerie	Vor-Fr bis Spät-S	M
Porree (Lauch)	Möhren, Kohl, Salate	Bohnen, Erbsen	Vor-Fr/Erst-Fr, Hoch-S/Spät-S	M
Postelein	Asia-Salat	---	Früh-H	Sw
Puntarelle	Bohnen, Spinat	andere Salate, Petersilie, Sellerie	Hoch-S/Spät-S	M
Radicchio	Bohnen, Spinat	andere Salate, Petersilie, Sellerie	Voll-Fr bis Spät-S	M
Radieschen	Kopf- und Pflücksalate, Bohnen, Erbsen	Gurken	Vor-Fr/Erst-Fr, Früh-H	Sw
Romanasalat	Bohnen, Erbsen, Gurken, Kohl	andere Salate, Petersilie, Sellerie	Voll-Fr/Früh-S, Hoch-S/Spät-S	M
Rote Bete, Ringelbete	Kopf- und Pflücksalate, Bohnen, Gurken	Mangold, Spinat	Voll-Fr/Früh-S	M
Rotkohl	Bohnen, Erbsen, Porree, Spinat	andere Kohlarten, Zwiebeln, Knoblauch	Hoch-S/Spät-S	S
Rucola	Kopf- und Pflücksalate, Sellerie, Zwiebeln	Asia-Salat, Kohlarten	Vor-Fr/Erst-Fr, Hoch-S/Spät-S	Sw-M

Vor-Fr: Vorfrühling Erst-Fr: Erstfrühling Voll-Fr: Vollfrühling Früh-S: Frühsommer Hoch-S: Hochsommer
Spät-S: Spätsommer Früh-H: Frühherbst Sw: Schwachzehrer M: Mittelzehrer S: Starkzehrer

	Gute Partner	Schlechte Partner	Pflanztermin	Nährstoff-bedarf
Sommer-portulak	Kohl, Radieschen, Rettich	----	Voll-Fr/Früh-S	Sw
Spinat	Erbsen, Gurken, Sellerie	Mangold, Rote Bete	Vor-Fr/Erst-Fr, Fr-H	M
Spitzkohl	Bohnen, Erbsen, Porree, Spinat	andere Kohlarten, Zwiebeln, Knoblauch	Hoch-S/Spät-S	S
Stangen-sellerie	Spinat, Kohlrabi, Tomaten	Salate, Petersilie	Vor-Fr/Erst-Fr	S
Tomate	Salate, Spinat, Peter-silie	Paprika, Aubergine, Fenchel, Erbsen	Voll-Fr/Früh-S	S
Weißkohl	Bohnen, Erbsen, Porree, Spinat	andere Kohlarten, Zwiebeln, Knoblauch	Hoch-S/Spät-S	S
Winterrettich	Endivie, Kohl	Porree, Zwiebeln	Voll-Fr/Früh-S, Hoch-S/Spät-S	Sw–M
Wirsing	Bohnen, Erbsen, Porree, Spinat	andere Kohlarten, Zwiebeln, Knoblauch	Hoch-S/Spät-S	S
Zucchini	Bohnen, Erbsen, Mangold	Gurken	Voll-Fr/Früh-S	S
Zuckerhut	Bohnen, Spinat	andere Salate, Petersilie, Sellerie	Früh-S/Spät-S	M
Zwiebel	Möhren, Bohnen, Erbsen	Kohlgewächse	Vor-Fr/Erst-Fr	Sw–M

KRÄUTER

	Gute Partner	Schlechte Partner	Pflanztermin	Nährstoff-bedarf
Basilikum	Gurken, Tomaten, Petersilie	Majoran, Dill, Thymian	Früh-S	M
Bohnenkraut	Bohnen, Rote Bete	---	Voll-Fr bis Früh-S	Sw-M
Dill	Möhren, Petersilie Schnittlauch	Salbei	Voll-Fr bis Hoch-S	Sw
Gartenkresse	Erdbeeren, Möhren, Spinat	Kerbel, Koriander	Vor-Fr bis Früh-H	Sw
Kapuziner-kresse	Bohnen, Kohl, Tomaten	---	Voll-Fr bis Früh-S	Sw-M

Vor-Fr: Vorfrühling Erst-Fr: Erstfrühling Voll-Fr: Vollfrühling Früh-S: Frühsommer Hoch-S: Hochsommer Spät-S: Spätsommer Früh-H: Frühherbst Sw: Schwachzehrer M: Mittelzehrer S: Starkzehrer

	Gute Partner	Schlechte Partner	Pflanztermin	Nährstoffbedarf
Kerbel	Salate, Gurken	Radieschen	Vor-Fr/Erst-Fr, Spät-S/Früh-H	Sw-M
Koriander	Salate, Kohl	Petersilie, Rucola, Schnittlauch	Vor-Fr/Erst-Fr, Spät-S/Früh-H	Sw-M
Majoran	Dill, Kerbel	Thymian	Voll-Fr bis Früh-S	Sw
Oregano	Bohnenkraut, Rosmarin	---	Voll-Fr bis Früh-S	Sw
Petersilie	Basilikum, Tomaten	Möhren, Fenchel, Kerbel	Vor-Fr/Erst-Fr, Spät-S/Früh-H	M
Pimpinelle	Schnittlauch, Zitronenmelisse	---	Voll-Fr bis Früh-S	Sw-M
Rosmarin	Bohnen, Möhren, Salbei	---	Voll-Fr bis Früh-H	Sw
Salbei	Rosmarin, Thymian	Salate	Voll-Fr bis Früh-H	Sw-M
Schnittknoblauch	Möhren, Erdbeeren	---	Vor-Fr bis Früh-S	Sw-M
Schnittlauch	Möhren, Pimpinelle, Petersilie	Bohnen	Vor-Fr bis Früh-S	Sw-M
Thymian	Bohnenkraut, Rosmarin	---	Voll-Fr bis Früh-H	Sw
Wilde Rauke	Salate, Erdbeeren, Sommerportulak	Kohl, Radieschen, Rettich	Voll-Fr bis Früh-H	Sw-M
Zitronenmelisse	Salbei, Schnittlauch, Pimpinelle	---	Voll-Fr bis Früh-H	Sw-M

Vor-Fr: Vorfrühling Erst-Fr: Erstfrühling Voll-Fr: Vollfrühling Früh-S: Frühsommer Hoch-S: Hochsommer Spät-S: Spätsommer Früh-H: Frühherbst Sw: Schwachzehrer M: Mittelzehrer S: Starkzehrer

ADRESSEN

HOCHBEETE

Schroth-Paletten GmbH
Gärtnerstraße 5
74579 Neustädtlein
www.schroth-paletten.de

Anton Kastenmüller
Thal 31 bei Schönau
83104 Tuntenhausen
www.kastenmueller-holz.de

Gartenfrosch GmbH
Gewerbegebiet
Hammerschmiedstraße 17/Tor 2
86492 Egling a. d. Paar
www.gartenfrosch.com

Holzverbindershop
(Scharniere für Aufsatzrahmen)
www.holzverbinder-shop.de

SAATGUT UND PFLANZEN

Quedlinburger Vertriebs-gesellschaft
Quedlinburger Saatgut
Dieselstraße 1
06449 Aschersleben
www.quedlinburger-saatgut.de

Aromagärtnerei Deaflora
(u. a. Topinambur)
Andrea Hellmich
Kammeroder Weg 2G
14542 Werder/Havel
OT Glindow
www.deaflora.de

Rühlemanns Kräuter und Duftpflanzen
Auf dem Berg 2
27367 Horstedt
www.kraeuter-und-duftpflanzen.de

Dreschflegel
In der Aue 31
37213 Witzenhausen
www.dreschflegel-saatgut.de

Bruno Nebelung GmbH
Freckenhorster Straße 32
48351 Everswinkel
www.nebelung.de

Bingenheimer Saatzucht AG
Kronstraße 24
61209 Echzell
www.bingenheimersaatgut.de

NÜTZLICHES

Hermann Meyer KG
Halstenbeker Weg 100
25462 Rellingen
www.meyer-shop.com
(Quickpotplatten)

Wama Gewächshäuser
Walter Mauden
Hollertszug 27
57562 Hersdorf
www.wamadirekt.de
(Gurkenträger)

Wolf-Garten
Stanley Black & Decker
Outdoor GmbH
Wiesenstr. 9
66129 Saarbrücken
www.wolf-garten.com
(Gartengeräte)

Richard Ward
Gartenbedarf-Versand
Ottobeurer Straße 46 a
87733 Markt Rettenbach
www.gartenbedarf-versand.de
(Gartengeräte, Anzucht)

Gardena Service
Hans-Lorenser-Str. 40
89079 Ulm
www.gardena.com
(Gartengeräte und Bewässerung)

vidaXL
www.vidaxl.de
Scherengitter (Rankhilfe)

Firma Gottfried Mayr e.U.
Thannstraße 1
A-4407 Dietach bei Steyr
www.gartenonline.at
gartenonline@unityshops.eu
(Rankhilfe für Gurken)

GARTENWISSEN

Hortipendium
Das grüne Lexikon
Wiki für die grünen Berufe und Freizeitgartenbau
www.hortipendium.de

ZUM WEITERLESEN

Baumjohann, Dorothea und Breckwoldt, Michael: **Ernteglück auch ohne Garten.** Gräfe und Unzer Verlag, München

Bohne, Burkhard: **Wintergemüse anbauen.** Gräfe und Unzer Verlag, München

Faßmann, Natalie: **Auf gute Nachbarschaft.** Pala-Verlag, Darmstadt

Kullmann, Folko: **Hoch das Beet.** Gräfe und Unzer Verlag, München

Lorey, Heidi: **Wintergemüse.** Ulmer-Verlag, Stuttgart

REGISTER

Halbfette Seitenzahlen verweisen auf Fotos

A

B

C

D

E

F

BILDNACHWEIS

Illustrationen:
Lars Baus: Cover, alle außer Seite 9,15,19. **Claudia Lieb:** 9,15,19

Fotos:
AdobeStock: 23-3, 55, 74-4, 74-5, 74-6, 75-3, 75-5, 75-6, 76-1, 76-5, 77-2, 77-4, 77-5, 77-6, 78-1, 78-2, 78-3, 78-4, 79-4, 79-5, 80-4, 80-5, 80-6, 81-5, 82-1, 83-5, 84-3, 84-4, 85-1, 85-2, 85-4, 85-6, 86-4, 86-5, 86-6, 87-2, 87-3, 87-4, 87-5, 87-6, 91-2, 91-3, 92, 95-3, 147-1. **Alamy:** 26, 75-2, 76-4, 77-1, 79-3, 81-2, 83-4, 83-6, 84-1, 84-5, 85-3, 87-1, 93-2, 119-2, 140-1, 141, 147-2, 157-1, 157-2. **Dorothea Baumjohann:** 5-1, 6, 10, 11-2, 12, 18, 20, 21-1, 21-2, 22-1, 22-2, 23-1, 24-2, 24-3, 25, 27-1, 27-2, 27-3, 28-1, 28-2, 29-1, 29-2, 29-3, 30-1, 30-2, 30-3, 31-1, 31-2, 32-1, 32-2, 33-1, 33-2, 33-3, 34-1, 34-2, 34-3, 35-1, 35-2, 36, 37-1, 37-2, 38-1, 38-2, 38-3, 39, 40, 42-1, 42-2, 43-1, 43-2, 43-3, 44-1, 44-2, 44-3, 45-1, 45-2, 46-1, 46-2, 47-1, 47-2, 51-1, 51-2, 53-1, 60-1, 60-2, 60-3, 61, 62, 63-1, 63-2, 63-3, 64-1, 64-2, 65-1, 65-2, 65-3, 66-1, 66-2, 67-1, 67-2, 67-3, 74-1, 74-3, 75-1, 76-2, 76-3, 77-3, 78-5, 78-6, 79-2, 79-6, 80-1, 80-3, 82-4, 82-5, 83-1, 83-2, 83-3, 84-6, 86-1, 86-2, 86-3, 91-1, 95-1, 95-2, 97, 101, 105, 107, 109-2, 111, 113, 115-2, 119-1, 121-1, 121-2, 121-3, 123, 125, 126, 129, 131-1, 137-1, 145, 149-1, 151-1, 151-2, 155, 159-1, 159-2, 162, 163-2, U4-2. **Frank Berger:** 176. **Biosphoto:** 57-1, 80-2, 94, 149-2, 161-3. **Elke Borkowski/gardenpicturestock:** 8,11-1, 41-1, 88. **Botanikfoto:** 13-2, 23-2, 48, 73, 100. **FloraPress:** 4, 13-1, 16, 17-1, 22-3, 50, 53-2, 54, 59-1, 59-2, 72, 79-1, 81-1, 81-3, 82-2, 82-3, 84-2, 90, 161-1. **Friedrich Strauss:** 56, 57-2, 58, 93-1, 98,117,131-2, 135, 161-2, 163-1. **GAP Photos:** 5-2, 14, 52, 68, 69-1, 69-2, 85-5, 103, 139, U4-1. **GARDENA:** 17-2. **Istockphoto:** 74-2, 76-6, 81-6, 96. **Kastenmüller-Holz:** 41-2. **Marianne Majerus/design: Rob Chew:** 2. **/design: Tom Dixon:** 70. **mauritius images:** 81-4, 109-1. **Shutterstock:** 75-4, 82-6, 137-2. **Stima:** 24-1. **Unityshops:** 115-1.

Syndication:
www.seasons.agency

QUALITÄTS G|U GARANTIE

LIEBE LESERINNEN UND LESER,
wir wollen Ihnen mit diesem Buch Informationen und Anregungen geben, um Ihnen das Leben zu erleichtern oder Sie zu inspirieren, Neues auszuprobieren. Wir achten bei der Erstellung unserer Bücher auf Aktualität und stellen höchste Ansprüche an Inhalt und Gestaltung. Alle Anleitungen und Rezepte werden von unseren Autoren, jeweils Experten auf ihren Gebieten, gewissenhaft erstellt und von unseren Redakteur*innen mit größter Sorgfalt ausgewählt und geprüft.

Haben wir Ihre Erwartungen erfüllt? Sind Sie mit diesem Buch und seinen Inhalten zufrieden? Wir freuen uns auf Ihre Rückmeldung. Und wir freuen uns, wenn Sie diesen Titel weiterempfehlen, in Ihrem Freundeskreis oder bei Ihrem Online-Kauf.

Sollten wir Ihre Erwartungen so gar nicht erfüllt haben, tauschen wir Ihnen Ihr Buch jederzeit gegen ein gleichwertiges zum gleichen oder ähnlichen Thema um.

KONTAKT ZUM LESERSERVICE
GRÄFE UND UNZER VERLAG
Grillparzerstraße 8
81675 München
www.gu.de

UMWELTHINWEIS

Nachhaltigkeit ist uns sehr wichtig. Der Rohstoff Papier ist in der Buchproduktion hierfür von entscheidender Bedeutung. Daher ist dieses Buch auf PEFC-zertifiziertem Papier gedruckt. PEFC garantiert, dass ökologische, soziale und ökonomische Aspekte in der Verarbeitungskette unabhängig überwacht werden und lückenlos nachvollziehbar sind.

AUTORIN

Dorothea Baumjohann hat nach ihrer Ausbildung als Gärtnerin im Bereich Blumen- und Zierpflanzen und mehreren Praxisjahren in verschiedenen Gärtnereien an der Fachhochschule Osnabrück Gartenbau studiert, mit den Schwerpunkten Gemüsebau, Pflanzenernährung, Bodenkunde und Betriebswirtschaft. Nach dem Abschluss als Diplomingenieurin gründete sie »Die Grüne Kamera«, eine Bildagentur für Gartenfotos, mit den Themenschwerpunkten Pflanzenschutz und Gartenpraxis. In den Jahren 2014 bis 2016 hat sie eine berufsbegleitende Fortbildung zur Gartentherapeutin an der Universität Rostock absolviert. Seit Januar 2020 ist sie Abteilungsleiterin im Bereich Gemüseanbau und Hofladen bei der Lebenshilfe e. V. in Detmold.

WICHTIGER HINWEIS

Die Methoden und Anregungen in diesem Buch stellen die Erfahrung der Verfasserin dar. Sie wurden von der Autorin nach bestem Wissen erstellt und mit größtmöglicher Sorgfalt geprüft. Weder Autorin noch Verlag können jedoch für eventuelle Nachteile oder Schäden, die aus den im Buch gegebenen praktischen Hinweisen resultieren, eine Haftung übernehmen.

IMPRESSUM

G|U

GU ist eine eingetragene Marke der GRÄFE UND UNZER VERLAG GmbH, www.gu.de

ISBN 978-3-8338-8030-8
11. Auflage 2026

Projektleitung: Cornelia Nunn
Lektorat: Barbara Kiesewetter
Bildredaktion: Hannah Crawford, Petra Ender und Natascha Klebl (Cover)
Korrektorat: Andrea Lazarovici
Umschlaggestaltung und Layout: ki 36 Editorial Design
Herstellung: Susanne Fuhrmann
Satz: Ludger Vorfeld
Reproduktion: Longo AG, Bozen
Druck & Bindung: aprinta GmbH, Wemding